为师二十载

——写给我列车上的同行者

宋叶静 著

H.P.H 哈尔滨出版社
HARBIN PUBLISHING HOUSE

图书在版编目（CIP）数据

为师二十载 ：写给我列车上的同行者 / 宋叶静著
. — 哈尔滨 ：哈尔滨出版社，2021.6
ISBN 978-7-5484-6059-6

Ⅰ. ①为… Ⅱ. ①宋… Ⅲ. ①教育—文集 Ⅳ.
①G4-53

中国版本图书馆 CIP 数据核字（2021）第 090239 号

书　　名：为师二十载——写给我列车上的同行者
WEISHI ERSHIZAI—— XIEGEI WO LIECHESHANG DE TONGXINGZHE

作　　者：宋叶静　著
责任编辑：韩金华
责任审校：李　战
封面设计：树上微出版

出版发行：哈尔滨出版社（Harbin Publishing House）
社　　址：哈尔滨市香坊区泰山路 82-9 号　　邮编：150090
经　　销：全国新华书店
印　　刷：武汉市籍缘印刷厂
网　　址：www.hrbcbs.com
E-mail：hrbcbs@yeah.net
编辑版权热线：（0451）87900271　87900272
销售热线：（0451）87900202　87900203

开　　本：880mm×1230mm　1/32　印张：10.5　字数：218 千字
版　　次：2021 年 6 月第 1 版
印　　次：2021 年 6 月第 1 次印刷
书　　号：ISBN 978-7-5484-6059-6
定　　价：68.00 元

序

写给我列车上的同行者

有人把人生比作一辆列车，这个比喻真是妙极。

人生可不就是一辆从起点到终点的行驶中的列车吗？在行驶的途中，我们迎来了一批批或喜欢或厌烦的乘客，当然，也曾五味杂陈地送走了一些乘客。可细细想来，在生命的列车上，我们彼此相遇，无论投缘与否，其实都是一种幸福。

想想在我的生命列车上，最难忘的乘客还是我的那些学生。

想到他们，我的心里总会浮上一种很温柔的情愫。

佛说："百年的回眸，换得今生的相遇。"想想我们前世要修炼多久，才能让我在你们最美丽的时刻与你们相遇、相知，伴你们同行。

最初走上我的列车，你们还一脸的青涩，稚气未脱。我们彼此对视，有陌生，有忐忑，更有期盼。不知旅途中我们会有多少故事上演，希望我们相处和谐，旅途愉快。

旅途的开始，我们有争执，有摩擦，甚至有小小的敌视和仇恨。可是细想，在旅行的过程中，我们之间更多的是温暖，是理解，是相互的扶持。我的孩子们，当我的列车到了某个站点，你们要转身下车时，看着你们熟悉的已明显长大的面孔，我的心总会像被掏空一般，旅途中所有的疲劳，所有的不快，全都变成不舍和依恋。你们这些花一样的少年，我见证了你们的成长，你们见证了我的青春和我的衰老。

但是，列车还要继续前行，行程中还会有更多的少年上车。

就这样，我生命的列车不断地前行，少年也不断地上车、到站、下车……

周而复始，一张张面孔，从陌生到熟悉，再到不舍，最后当我生命的列车到站时，只留下一长串的回忆。

可是，当我生命的列车到达终点时，我的孩子们，我感觉是那么充实！我庆幸，在我的旅途中，有那么多的纯真少年陪我走过，给我留下那么多缤纷的回忆。孩子们，你们给我留下了这么多的宝藏，我也诚挚地希望，在我们同行的旅途中，你们能在我的列车上获得更多的礼物！看你们背着重重的行囊下车，是我最大的幸福和希望。

我的学生们，我的孩子们，如若我的生命有下一次旅行，让我再次诚挚地邀请你们：一路同行，好吗？

目录
CONTENTS

教学篇

为师无悔 1
让我送你一首诗 3
做一个最好的“国王” 13
和你一起化蝶飞 18
这一场素颜修行 28
相信种子，相信岁月 35
行走，是生命最美的姿态 38
一路前行一路歌 43
烟雨江南，艺术人生 47
给家长的一封信——我们来谈谈阅读 50
追忆似水流年——我的阅读史 53
夜读《小王子》 64
愿你在阴差阳错中，阳光成长 67
那段孤独的青春——读《红瓦黑瓦》有感 71
那就快乐地守着我们的旧木盆吧 74
活了一万次的猫 76
像个孩子一样去喜欢 77
你是特别的，你是最棒的 80
我和我的特长班 83
即使见了玫瑰园，希望你最爱的还是你的玫瑰花 . . 98

趣记那些优质课上的小意外 102
珍贵的礼物 105
做一支有思想的芦苇 107
虽是一朵茉莉开 110
爱的旅途 116

班级管理篇

世界因你而美好 127
让我走进你的心里 131
写给孩子的一封信 137
不负春光不负卿 140
让别人因我的存在而幸福 148
班币的故事 151
示弱的力量 155
今天，我很高兴！ 159
契约记 162
无形的收获 166
安静的早晨 169
虽然……但是 171
悦纳自己，欣赏别人 174
跟着蜜蜂采花蜜 177
孩子，让我们拒绝“老三哲学” 181
最合理的安排 183
孩子，你该学会的是自律 186
做一件让世界更美丽的事情 189

建麟和他的长寿花 192
我们的故事 195
荆棘中盛开的花 200
洒一片阳光 204
如果那只猴子是悟空 207
爱是最美的语言 209
我在造宫殿呢 213
世界因不同而精彩 215
开学第一课 218
慧眼识人（1） 220
慧眼识人（2） 223
慧眼识人（3） 226

生活篇

不过为了一块方糖 228
一席话，一辈子 231
美丽的等待 234
20 个鸡蛋 235
幸福的心情 237
与美丽同行 239
感动 241
心中的春天 243
贵族俱乐部 245
怀念我的小脚奶奶 249
瞬间的温暖 251
体面的父亲 253

你不是那平凡人 255
生命的牵挂 257
初念浅，转念深 259
童年的秋天 261
怀想那久远的幸福 264
这悠长的岁月 267
那件压箱底的衣服 271
初见 274
我的老师 276
寒冬里的小温暖 280
最寻常的得意弟子 283
我爱这片土地 287
石榴花开 289
美丽的收获 291
有月亮的晚上 294
秋韵 296
儿子的家长会 298
爱的灼伤 302
植物心 305
有根的生命绿水长青 307
喝茶小感 311
沉默的表达 313
来一个标准的微笑 316
我的五样 319
怒放的生命 324
做人的风骨 326

教学篇

为师无悔

三尺讲台站了二十余年，回首我的教学生涯，“无憾”说不上，“无悔”倒也问心无愧。

无悔我曾经冒着被语文界某些专家批判的风险，执意把每一篇课文的育人功能发挥到极致，《一节失败的优质课》算是我对语文教学“大逆不道”的观点。

无悔我不曾把作文教学功利化、公式化，比起那些辞藻华丽、挥斥方遒、指点江山的所谓的满分作文，我更欣赏那些接地气的记录生活点滴小事的文章，我要让孩子知道：心里有爱，笔下才会生情。所以，跟着我学作文，可能得不了满分，但你一定会有额外的收获：收获春天的一泓澄澈的湖水，秋天的一次美食分享，冬天欣赏第一场雪的惊喜，国庆节油然而生的“我骄傲，我是中国人”的自豪感，清明节有趣的斗蛋比赛……

无悔我早早就让孩子海量阅读，在别的班级埋头做语文试卷的时候，我的弟子们悠然徜徉于文学的世界。在语文教学不注重阅读的考试时代，虽然我们的分数不会有立竿见影的提升，但我仍没有放弃初衷：爱阅读的孩子不会变坏，语文成绩更不会变坏。

无悔我曾领着他们用最美的诵读迎接每天的第一缕曙光，让曾经自卑的他们在一个大舞台上展现一学期积累的文学素养。无悔我坚持和孩子们一起阅读，无悔我奢侈地拿出几节语文课和孩子们分享课外阅读的感受，无悔我拿起笔陪他们一起写作……

让我送你一首诗

每天清晨，我迈着轻盈的步子走进教室的时候，总能听到孩子们用清脆的童音吟诵着那一首首我精挑细选的诗歌：或是李清照的婉约，或是苏轼的豪放，或是席慕蓉的缠绵，或是徐志摩的清新……

孩子们用诗歌开启黎明，也开启了我一天愉快的心情。

晨诵：用诗歌开启黎明

记得第一周晨诵，诵读现代诗的时候，学生们面无表情，读得一点节奏没有，更别说读出诗歌的韵味和感情了。也不怪孩子们，毕竟在以前的语文教学中，现代诗歌无足轻重，孩子们只是远远地站在诗歌的大门外，怎么能一下子找到打开诗歌大门的钥匙呢？

没关系，从头开始。

我亲身示范，从诗歌的感情基调，到诗歌的停顿，到正确处理轻重缓急，抑扬顿挫……一边讲解，我一边投入地范读。

很惭愧，我的朗读水平有限，但我以有限的朗读水平，无限投入地朗读，对诗歌的热爱溢于言表。我的并不出色的诵读，引起了孩子们对诗歌的兴趣，看着他们摇头晃脑、一本正经的样子，我感觉到了收获的喜悦——小小的，像刚刚燃烧的火苗。

我们第二周晨诵的主题是“春天送我一首诗”，我精心挑选了描写春天的几首古代诗歌和两首现代诗歌，古代诗歌的朗读基本不存在大问题。现代诗歌我选的是袁开海的《推开春的大门》和林徽因的《你是人间四月天》，第二首难度较大，新月派的诗语言风格华丽，但学生恐怕很难理解和体会诗中的情感，更难去赏析诗歌的语言。

我提前把印好的诗歌发给孩子们，准备第二天晨诵给孩子们好好讲解一下。

第二天，当我走进教室的时候，出乎意料地听到了全班齐读《你是人间四月天》，虽然朗读的技巧很青涩，可是，那高亢的声调还是很有说服力地向我宣告：他们喜欢这首诗歌。

我很激动。我更加坚信美丽的语言魅力无穷，即使不懂，但也不能否认美的事物总能打动我们的心灵。

我结合林徽因的经历，诗歌的写作背景（我查了资料，一说写给徐志摩，一说写给她出生的孩子，考虑到学生的年龄，我选择了第二种说法），给学生稍做介绍以后，我又用了多种方式教学：听名家诵读，教师配乐范读，男女生合作读……最后，我让学生起来展示的时候，这些平时总保持沉默的孩子，纷纷举手！一个女生站起来，竟然羞涩地说：请给我配上刚才的音乐。还别说，有音乐的锦上添花，她读得更加投入，全班同学不约而同地鼓起掌来！这曾是个怎样木讷或者说冷漠的班级啊。如今看到一张张生动的脸，我感叹于晨诵的力量——我们在孩子纯真的童年里，播下了诗歌的种子，我们用美的诗歌打开了孩子纯真的心灵。

我给学生解释,“人间四月天”在作者眼里是最美的,所以,她把自己最爱的人比作“人间四月天”。

课后,班里那个各科考试成绩均为个位数的爱傻笑的男生,跑到我身边,嘿嘿地笑着说:老师,你是“人间四月天”!

我一下子感动起来!我把他的意思理解为:他爱我。这是他对我最高的赞美!

现在,我们晨诵的内容越来越系统:外国的泰戈尔,中国的徐志摩;当代的舒婷,古代的苏轼、辛弃疾等。他们的代表作品都走进我们的晨诵,我们也更加近距离地接触他们。

这一段时间,我们走近诗人席慕蓉。她的诗歌极婉约、极细致,浪漫的诗歌内容写出了她对生活无限的憧憬和热爱。我引导孩子们学会体会诗人的情感,学会用抑扬顿挫表达情感,他们竟然处理得很到位!

有一次晨诵我晚去了一会儿,竟然听到他们男生女生自觉分工诵读,把一首诗读得趣味盎然!推门进去,看到前几排那几个调皮的小男孩,正用无限温柔的表情诵读:

天这样蓝
树这样绿
生活原来可以
这样的安宁和美丽

顿时,我心里浮上莫名的感动!我相信,我们今天播下的这些美丽的诗歌种子,会随着岁月流逝,随着孩子们逐渐长大成熟，更加清晰地浮现在他们的脑海里，我相信诗歌的力量，相信美的力量！

从小到大，孩子们一定收到很多难忘的生日礼物，可是有没有人收到过一首诗？一首专门为他（她）写的诗？这首诗，是老师为他（她）量身定做的，是独一无二的，是专属于他（她）的！

我一直觉得生日赠诗是新教育中最美的一朵奇葩，那一首首散发人性之美的生日诗，一定是孩子们收到的最独特、最典雅、最有价值的生日礼物。

生日诗：让诗歌进驻孩子的心灵

我曾经向孩子们许诺，在他生日那天，老师送他一份特殊的礼物：写一首诗送给他！可要提前一天告诉老师哦。

孩子们立刻兴奋起来！

第一个过生日的是内向的王梦璐。这个女孩子学习有点吃力，总是不言不语，几乎让人感觉不到她的存在。

当她放学后走进我办公室的时候，我想她一定是鼓足了勇气。她很羞涩又很兴奋地低语：老师，明天是我的生日！

晚上回到家，我绞尽脑汁地坐在电脑前。说实话，我以前真的不太喜欢现代诗歌，通过这段时间的晨诵，我倒是爱上它了，可真要动手写，还真是个不小的挑战。

但我一定要写一首诗送给她，而且要字字原创。

绞尽脑汁写完生平第一首诗歌大作，我还用有关王梦璐的一些图片，比如平时班级活动中她的身影，她作业中最认真的一页，她出的手抄报等，做了一个以她为主角的幻灯片（在做的时候才自责平日里对她的关注太少），配上班得瑞柔和的钢琴曲《安妮的仙境》，一边播放幻灯片，我一边深情地诵读，那种感觉让我相信，这首有点拙劣的生日诗，一定能打动王梦璐。

第二天，配上以王梦璐为主角的幻灯片，在柔和的音乐中，我深情地吟诵了送给王梦璐的生日诗：

你是一朵含羞草

你是一朵含羞草
阳光下，月影中
你总是羞涩
小小的心灵对外界充满了好奇
可是敏感的心啊
却总不敢大胆地敞给世界
含羞草，勇敢地睁开眼睛
你会看到这个美丽的世界
闻到沁人的芬芳
只有你的心灵足够坚强
世界才会赐予你鸟语花香

读完以后，全班同学都用亮晶晶的眼睛看着我，继而又把目光投向王梦璐，那目光中有羡慕，有鼓励，也有期望。当我把打印好的这首诗送给王梦璐的时候，她的眼睛里闪着明亮的光芒！我相信，这一天，她会是班里的主角，我更希望，这仅仅是她人生生涯中的一个开始。

后来，张雪过生日。她是一个很优秀的班干部，但是也因此得罪了不少同学，有段时间，她甚至要求辞职。我多次开导她，她才打消了这个念头。我想：为什么不借助生日诗这个契机，既鼓励张雪坚持自己的原则，又让同学们理解张雪呢？

在她的生日诗中，我这样写道：

那朵小雪花
张开翅膀，从天空慢慢悠悠地飞下
她的心里有个计划
她想把这个世界变得更加纯洁无瑕
那朵小雪花
张开翅膀，从天空慢慢悠悠地飞下
左顾右盼
发现自己太小
世界太大
那朵小雪花
张开翅膀，从天空慢慢悠悠地飞下
她在心里挣扎
我到底该改变自己还是改变世界
小雪花，小雪花
你看，有那么多的小雪花加入你的行列
你不再势单力薄
张开你们的翅膀
快快把这个世界变得更加理想

当我在全班同学面前读给张雪听时，班里很安静，只有张雪用热切的眼神看着我，眼里有亮晶晶的东西闪动。我相信，沉默代表大家在思考，我更相信，这首小小的生日诗，一定会改变些什么。

孙琳的生日到了，在诗中我这样为她写道：

愿你温润如玉

不是所有的日子都值得铭记
犹如不是所有的花朵都能结出果实
不是所有的经历都值得追忆
犹如不是所有的美玉都瑕不掩瑜
你来了 在这个特殊的日子
十二年的风风雨雨
你傲然挺立
成长为一朵花
修炼成一块玉
多年以后
当我们蓦然回首
你亭亭地站在我们的记忆里
美丽如花 温润如玉

当接过我送给她的诗时，小姑娘的激动之情溢于言表：老师，谢谢您，我真喜欢！

孙琳放学后又很兴奋地跑到我身边，笑得眯起眼睛，悄悄地重复着：老师谢谢您！我喜欢这首诗！这句话，她说过三遍了。

有一个男生告诉我："老师，离我的生日还有四十五天！"

隔几天，他就又会很兴奋地告诉我：还有二十天！

杨绍山是一个成绩不太理想、性格有些懦弱的小男生，每次被人欺负后，总像个女孩子一样哭哭啼啼地来找老师。我给他写的生日诗是：

立成一座山

立成一座山
哪怕不够高大和伟岸
立成一座山
用自信和勇敢

罗凯更是一个让我很无奈的孩子，他的成绩很糟，而且整天脏兮兮的，身上的味道让周围的孩子都不愿挨着他，他几乎不做任何作业……属于那种我做很多工作但收效甚微的孩子。他告诉我他的生日到了，把我为难得啊……后来，我反思自己，我不也是内心里不重视他？我不也是懒得鼓励他？在我的检讨中，我给他写了一首最长的生日诗：

每一个生命都是凯旋的战士

孩子
我知道你孱弱的身躯会被无情地打败在地
我知道有时候你绝望得不想站起

孩子
我看着你 我陪着你
我相信
每一个生命都是凯旋的战士
正如你的名字

我忽然觉得，给学生写诗真是一件幸福的事。它不仅让我绞尽脑汁用文字组织语言，更让我修炼自己的心态：我必须全面地看待每一个孩子，必须用心地发现他们每一个人的优点，如果实在发现不了，我也必须像一个母亲一样，接纳他，鼓励他，陪着他。

一首首生日诗，是连接我和孩子们的感情密码，我用我的诗歌在孩子们的童年播下爱的种子，我相信这会是他们无数生日中最难忘的礼物。诗歌可以拙劣，但爱会枝繁叶茂地成长在孩子的心田。

相信种子，相信岁月

忽然想起某则广告：“我们不生产水，我们只是大自然的搬运工。”我们不是诗人，我们只是把诗的种子播撒在孩子们的心田。

我相信，现在我们和孩子们一起诵读一首首经典，青涩地写给孩子们一首首生日诗，他们回报我们的，必定是更精彩的一首首诗，正如他们在自己的诗歌中所写的：

你让百鸟在空中争鸣
你让花草在天地起舞
你让温暖住进我们心里
春草发芽的时候
我打开了春的心灵

孩子们的这些诗歌蘸着对语言文字的热爱，更饱含对美好生活的憧憬，他们正用满腔的热情，诗情画意地书写着美好的童年。

我相信，只要播下这些美和爱的种子，他们会永不停笔地书写自己以后更美的人生。

相信种子，相信岁月！

做一个最好的“国王”

领着这群可爱的毛虫踏上新教育的旅程已经将近一年了。如今，站在十二月的起点，看着身边这些正在蜕变的毛虫，欣慰之余，更多的是期盼。

和毛虫们把以前积累的诗歌穿起来，那些活泼的和当时生活紧密相连的美妙的文字，一下子鲜活起来，仿佛在向我们诉说那些美好的回忆。

欣慰地看着那些在音乐声中陶醉的小脸，在这个寒风凛冽的冬天，在这间依旧温暖如春的小教室，我忽然有种时光流转的错觉：恍若回到远古时代，这些毛虫围着我，我就是一只毛虫国王，领着我的孩子们在美妙的大自然中尽情徜徉，没有压力，没有烦恼。

蓦然回首，那些美妙的诗歌成了我们美好生活的见证。感谢这些特殊的印记，让我和孩子们在岁月流转中，依然记得我们的每一段旅程。

新教育强调，晨诵的内容应该和孩子的当下生活紧密相连，我主要以时间（春夏秋冬）为序，在农历（二十四节气）的天空下，穿插各种传统节日（春节、清明、端午、中秋等）和现代节日（母亲节等），让诵读材料与孩子们的生活息息相关。

起初的时候，我也是选择好晨诵的内容，制作成精美的课件，然后用各种方式读：配乐读，分角色读，名家范读，等等，开始的时候孩子们兴趣盎然，可时间久了以后，也就慢慢地出现了情感倦怠期。这个时候我在思考：怎样让这些文字变成鲜活的东西再进一步融入孩子们的血脉中？

我于是尝试着把每一个晨诵的主题再进一步地系统化，以很小的“课程化”的形式让晨诵和孩子们血脉相依。很冒昧很忐忑地用了“课程化”这个词语，是因为实在没有找到合适的词语，大家权当我用了一种修辞方法，叫“大词小用”吧。

大体的流程就是，体验——晨诵——写作。具体来说就是在晨诵之前，先让孩子有相关的生活体验，可以是游戏、活动，也可以是自己动手查阅资料，也可以是问卷调查，等等，目的就是在晨诵之前，让孩子们积累一定的与晨诵内容相关的生活体验，体验先行以后，再走进晨诵，这样孩子们对晨诵的内容就会有更切身更深刻的体会。写作就是把体验时的一些心理活动，诵读后的感受，用文字的形式记录下来。这样就把读写融合在一起了。

比如，初春时节，我们以春天为晨诵主题。我先领着孩子们走进初春的校园，到处寻找春天的踪迹，感受春天的美好，然后动手写一写校园的春天，在此基础上，再和学生诵读名人笔下的春天——我们诵读的春天的诗词，有古代的，也有现代的。

清明节，我先让孩子们查阅有关清明节的习俗，在班里交流。因为清明节的关键词是祭拜，所以，我们在班里举行了“向您献上一束花——清明颂英烈”英雄故事演讲比赛。然后还在班里举行了孩子们感兴趣的斗蛋大赛，就是每个孩子拿三到五个鸡蛋，分两轮，第一轮是武斗，就是层层筛选，选出蛋壳最坚硬的蛋王；第二轮文斗，就是用各种方法装饰你的鸡蛋，选出最有艺术气息的蛋后。在孩子们对清明节有了充分的了解以后，我们再诵读诗人笔下的清明节，孩子们对清明节的感受可能更为深刻。活动结束以后，再让孩子们写作，可以写斗蛋大赛，也可以写演讲比赛，还可以围绕清明节写一首现代诗。

母亲节的时候，我先举行了一个活动调查：以表格的形式，对比一下你对父母了解多少，父母对你了解多少。调查完以后，孩子们真切地感受到父母对自己的关爱和自己对父母的疏忽。然后，号召孩子们亲自动手做一张贺卡当作礼物送给妈妈，观察妈妈收到礼物后的表现。最后，每人给妈妈写一封信，我称之为最感人的“情书”，要交给妈妈，而且妈妈要写上自己读后的心里话。我觉得这是一次很好的母子、母女之间的情感交流。活动结束了，我们进入诵读主题——送给妈妈的歌。

中秋节，我们先查阅中秋节的来历、习俗、传说，做成手抄报在班内汇报交流。因为中秋节的时候，更多的是商店的各种促销宣传活动，可能人们比较忙，似乎对中秋的赏月和团圆不太注重，所以我们在班里举行了一个“难忘中秋”的活动，大家拿来月饼、水果在班内一起分享。活动结束后，展开以中秋为主题的晨诵。写作可以描写分享月饼的场面，也可以自选。

当然，我搞的这些活动还是有些单调，如果能丰富一些，再系统化一些，晨诵和生活的关系就会更近一些。

新教育特别看重仪式的作用，比如开学仪式、毕业仪式、成人仪式，等等。我这里说的仪式，仍属于大词小用，我是从班级的角度，从一些细小的活动中，发挥仪式的教育作用。

比如开学仪式。开学第一天，我会制作好课件。以五年级下学期的开学仪式为例。首先点名，点名之前老师会说：“新的学期新的开始，看到这些熟悉亲切的面孔，你一定想大声地叫出他的名字。哪些名字深深藏在你的记忆里呢？除了你的好朋友，一定还有那些为班级做过贡献的同学。下面，我们点名。”在柔美的音乐声中，老师给大家诵读纪弦的《你的名字》，然后套用其中的一句，点某个同学的名。然后再把话题让给同学，每个同学都套用其中的一句诗，点出某个同学的名字。当然，老师要掌控大局，某些在班里默默无闻的同学可能不会被点到，老师就要巧妙地接过话题，点他们的名字。点名结束后，就看着图片，回忆我们上学期的一些生活场景，在柔美的音乐声中，唤起同学们在一起的美好回忆，增添他们的集体荣誉感和温暖感。点名结束以后，学习一首新诗——《我长大了》，让孩子们意识到新的学期新的开始，要用更好的心态来迎接。最后，每一个同学回顾上学期自己的表现，做出自己本学期的计划书。

比如读书，为了鼓励孩子们坚持读书，我们发起了“我的阅读长征路”活动，其实很简单，先自由地踊跃报名参加，有个签名仪式，然后自己制作读书记录卡，每天记录自己读书的篇目、页数，以及对读书效果的自我评价和家长评价。开始的时候孩子们做得很好，但是慢慢地有的孩子就懈怠起来，为了让他们能坚持下去，我又发起了“亲子共读半小时”的活动倡议。先是印发倡议书，让家长意识到陪孩子阅读对孩子的长远影响，要求不一定和孩子读同样的书，只要陪孩子读书，给孩子创造读书的氛围即可。然后孩子和家长同写读后感，当然，写读后感的书目我做了精心选择，五年级我们亲子共读的是黄蓓佳的短篇小说集《小船，小船》，现在我们共读的是《林清玄散文集》，这样的短篇方便于家长阅读。我们在读书交流会上，还学习了家长中写得比较好的读后感。

暑假的时候，我们提倡孩子们阅读，为了更好地让孩子坚持阅读，提升阅读质量，我专门成立了一个读书交流群“爱读书的毛虫”，暑假里每个周三我固定在线和孩子们交流读书感受，然后会布置好下一次交流的题目。基础好的同学畅所欲言，基础差的同学，不知道该怎样谈，我就鼓励他们把小说中自己喜欢的段落读给大家听一听。

为了鼓励孩子们写作，我们班有专门的博客，定期征稿，将好的作品发表在博客上。为了激发每个孩子的写作欲望，我们班还有特殊的班级日志：毛虫班的故事。就是每个学生都可以动手，把发生在班级里的故事写出来，后来有的家长知道了，也踊跃参与。学期末的时候，我们还出了班刊《化蛹为蝶》。

其实所有的做法都没有什么创意，但我觉得只要有一颗和孩子们一起跃动的心，有一颗摆脱平庸的向上的心，我们每一个自愿加入新教育的同仁，都会在自己的教室里，做一个最好的“国王”，让孩子们享受最美的教育。

冬天已来，春天也就不远了，毛虫们已踏上新教育之旅，蜕变之旅已启程，我相信，地上风景正好，天上太阳已晴，你看，那些翩翩欲飞的蝴蝶正在寻梦……

和你一起化蝶飞

小毛虫是我们的班名，化蛹为蝶是我们班级的美好愿景。

让晨诵诗意我们的生活

第一阶段：晨诵系列化

一开始时，我把晨诵内容系列化，以时间为纬线，在农历的天空下，穿插各种传统节日和现代节日，让诵读材料与孩子们的生活息息相关。

比如上学期 9 月我们背诵与秋天有关的诗词，10 月我们背诵爱国的诗篇，11 月我们背诵的是描写菊花的诗歌，12 月我们吟诵诗人笔下的冬天……

晨诵刚开始的时候，我采用多种诵读方式，比如配乐读，男女生分工读，师生分工读，等等，孩子们的确感觉很新鲜，诵读热情也很高涨，但是，时间久了我感觉孩子们对这些诗歌开始失去了热情，毕竟是书面上的文字，再美似乎也和他们隔了一层纱。

怎样让这些文字变成鲜活的东西融入孩子们的生活中来？

于是新学期，我换了一种方式。

第二阶段：晨诵课程化

开学后一阵忙乱，迎来万物复苏的初春。我先不让大家诵读关于春天的诗词，而是领着大家到校园里寻找春天，感受春天。

很多孩子乖巧地带上纸和笔，我说：不用。用你的眼睛去看，用你的鼻子去闻，用你的手去触摸，用你的心灵去享受。不用笔和纸，否则，写作的心理负担会影响你对春天的享受。

就这样，我们先是痛痛快快地在校园里游玩，然后晚上写了一篇日记，第二天我们晨诵了五首描写春天的古代诗歌和两首现代诗歌，反复地诵读以后，我稍加指点，他们就很快地了解了诗歌的意思以及写作的巧妙，然后我以其中的一首现代诗——林徽因的《你是人间四月天》为朗读的范本，我借用的是周涛的配乐朗读，指导学生朗读，然后对诗歌的写法稍加讲解，为学生的写作做好了铺垫。

晨诵完以后，我们再结合自己写的有关春天的日记，学习借鉴诵读材料中的写作方法，比如写景的巧妙和抒情的自然、多感官结合、虚实结合、远近结合，等等，再次修改日记，成为一篇规范的作文。

清明节的时候，我们先是搜集清明节的来历、习俗、诗歌，然后在班里交流，特别是清明祭奠，我觉得这一点很有教育的价值，我们先举办了一个“向您献上一束花——清明颂英烈”英雄故事演讲比赛。然后又举办了一个让孩子们很兴奋的活动——清明斗蛋大赛：活动分武斗和文斗，武斗就是碰鸡蛋，选出蛋壳坚硬的蛋王；文斗就是用彩笔装饰鸡蛋，选出最有艺术气息的蛋后。

在快乐的玩耍中，我们不仅弘扬了传统文化，而且锻炼了孩子们的绘画能力和想象力。活动结束，又是写日记，改作文。写完以后，我们再晨诵，晨诵的材料就选取孩子们自己搜集的诗歌，这样，清明节的诗歌就不再是书面上的文字，而是和孩子们生活息息相关的文化。

比如母亲节，我们先是举办“我为妈妈做贺卡”的活动，孩子们用巧手做出各种各样创意无限的贺卡，连同写给妈妈的一封信一起送给妈妈，妈妈再回一封信，进行了感人的亲子交流。这样的活动结束，我们再晨诵有关母爱的诗歌，孩子们对诗歌的兴趣和理解就有了自己的体验，也就感受到文字的亲切和深刻了。

以后端午节、中秋节，等等，我们都可以采用这样小课程化的方式，让晨诵活动化、系列化。

这样做的好处就是让晨诵内容和孩子们零距离接触，不但在孩子的黄金记忆年龄积累了大量的有价值的古典诗词和现代诗歌，而且有趣味性，对孩子们的诵读水平、写作水平、动手能力的提高都有帮助。

晨诵带给我们的变化

机会是留给有准备的人的。学校举办艺术节展演的时候，有唯一的一个集体诵读节目，我率先报上名。

我们在 10 月的时候，集体晨诵过现代诗歌《我骄傲，我是中国人》，当时我精心挑选了配乐，做了精美的课件，感觉孩子们的诵读还是可圈可点的。

报名后，我有点忐忑，因为我们班语文底子薄，对于诵读也仅是在我接班后有了点兴趣，至于诵读水平，我自己都心里没底。

可是，我太想让毛虫们走上舞台了！

我想抓住这次机会，给孩子们一点鼓励和信心。如果这次活动成功的话，对他们该是怎样重要的一个激励啊！我们班的孩子比较胆小，没参加过大型的活动，连学校领导来听课都吓得不敢发言，如果能抓住这个机遇，让他们走上舞台，对班级凝聚力和自信心的提升是大有帮助的。

就这样，我们经过多次的训练，终于登上了艺术节的舞台。

当掌声响起，看到领导们赞许的目光，一直站在一旁的我，禁不住热泪盈眶！为了这台上的几分钟，我们付出了多少汗水啊！更为可贵的是，从一开始的不敢上台，到现在的落落大方、激情昂扬，这样的奇迹见证了这群毛虫的成长。

这次活动真的带给我们班一个巨大的改变！不仅是朗诵水平的提高，更是班级精神面貌的改变。每次彩排，从开始的不知所措到叽叽喳喳，再到后来的安静快速，我明显感觉到班级凝聚力的增强。

活动结束后，我收到很多家长的短信，内容都大同小异：谢谢老师，没想到这群毛虫这么能吃苦，这么优秀！

活动结束后，我照例让孩子们写日记，他们写得出乎我意料的精彩。

贾超群写道：这一次上台表演，我变得更加自信了！我从原来的上课不敢回答老师提出的问题，到现在上台表演，这是多么大的一个跨越呀！不过我的任何一点进步，都离不开一个人——宋老师！

老师，我们就像一根根蜡烛，如果没有您来点燃，我们怎么能绽放出耀眼的光芒!

朱恒言的结尾:这不是奇迹,这是上天对我们努力的奖赏!

郭雨涵说:也许以前我们不优秀、不自信,但是经过这次锻炼,我们一定会自信、坚强、努力,像毛毛虫一样化蛹为蝶。

赵静茹的体会:这次锻炼让我知道自信、勇敢的品质不是与生俱来的,而是从不断的磨炼中提取的。

我们这群毛毛虫,迟早会蜕变成一只只美丽的蝴蝶的!

……

孩子们对活动无比感兴趣,活动之后的作文也写得格外顺利。于是我经常搞一些活动,他们玩得开心,写得顺利。

孩子们读过的书怎么处理?拿来进行物物交换或者卖出买入吧。于是有了我们的第一季跳蚤市场。

开学是个重要的仪式,我们班每次开学都会在班里举行一个庄严的仪式:在优美的配乐中,我们用纪弦的《你的名字》开启点名仪式,引用其中一句,老师点名,然后学生接力,点一个让你印象深刻或者敬佩的名字……

在诗情画意中,我们把每一个名字回顾,每一个名字都包含一个美好的回忆和一份美好的情愫。

点名完毕,我们利用幻灯片,欣赏了上学期我们的很多活动图片,唤起了美好的回忆。

在诗歌《我长大了》中,让孩子们谈谈新学期自己的计划和对自己的期望。

这样的开学仪式结束后,再让孩子们动手写计划和感受,想必就容易得多,真实得多了。

总之，抓住每一个活动的契机，把每一次的学习放到真实的体验中，活动、学习两不误，活动、学习都有趣。

让读书和写作伴毛虫们成长

写作不但是兴趣的事情，更需要阅读来充实心灵，于是，我向孩子们发出倡议：好书伴我成长，养成每天阅读的习惯，并把阅读的时间、书目、篇数以及自我评价和家长评价，自己设计成“我的阅读长征路”表格，及时记录。开始有的孩子坚持做得很好，可是时间久了，就疏懒了。

因为阅读的时间基本在家里，于是我又向家长们发出倡议：每天亲子阅读半小时。不是所有的家长都会支持你，也不是所有的家长都能做到，但是有的家长做得的确很好！朱恒言的家长和她一起做记录卡，郭雨涵的爸爸写了一页多的亲子共读感受。这就说明有些想法如果不和家长们说，他们可能不会做，说了，有的家长可能就会做。

亲子阅读以后，很多家长也写了读书感受。

读过这篇文章之后，感觉自己也仿佛回到了童年，拉近了与孩子之间的距离，陪着孩子一起阅读、一起成长是一件快乐的事。（赵烨家长）

有几天，我和姐姐谁都不理对方。每天我都一个人上学、放学，没有姐姐的陪伴，我心里空落落的，好像一个人没有了灵魂，我明白了姐姐对我的重要，我对爸妈说：我不上学了，我挣钱供姐姐上学。姐姐抱着我号啕大哭，爸妈也默默掉泪。爸妈突然站起来说：都上，再苦再累我们也供你们上学。后来我和姐姐都有幸上学。

生而有缘，庆幸有姐姐伴我长大，同苦同乐，同喜同悲。那份姐妹同心的情分是我一生最大的财富。（王子阳家长）

读完全文，作者与弟弟、妹妹之间朴实无华的深厚感情深深地感动了我。我想，能成为兄弟姐妹，真是人生有缘，我们的确应该好好珍惜，互相疼爱。（张雨涵家长）

如今，年龄渐长，童年时光早已远去，但童年的美好回忆却永远印在了心中，每当想起，劳碌烦乱的心情便轻松了许多。（朱恒言家长）

为了激发孩子们的写作热情，我们在班级博客的基础上（因为班级博客只能刊登写作水平高的学生作品，很大一部分学生都对班级博客望而生畏）又建立了特殊的班级日志：毛虫班的故事（男生版、女生版），我鼓励孩子们把发生在班里的一些故事记录下来，作为美好的回忆，人人都可以参与。我分别给男生版、女生版写了序言，定期查询他们写的篇数，这样男生和女生又是互相鼓励又是竞争的关系，写得不亦乐乎！

有的孩子拿回家写，家长看见了也想参与，我就鼓励家长们也可以动手写，很多家长也写得极为认真。

有的时候我也偶尔客串，要是发脾气伤了他们，就在上面给他们写检讨。

为了鼓励孩子们写作，我们班级成立了班刊——《化蛹为蝶》，我将孩子们的作品整理、编辑，成书。因为页数较多，不好意思动用学校的打印机，就把电子版发到家长群里，很多家长纷纷表示愿意帮助我们“出书”，在王淦旭家长的热心帮助下，我们的班刊正式出版！

感谢有你，让我们一起见证奇迹

这些活动不仅给班级带来了巨大的改变，而且让家长们和我们班级紧紧相连，让他们对我们的班级有了关注，有了关心。

我们班去参加社会实践的时候，我反复叮嘱家长不要去看望孩子，因为有一个家长去了，其他的孩子就更加想家。但是有的家长的确抑制不住地想孩子，毕竟是和孩子的第一次分离。于是我每天不断地用手机拍他们的活动照片，发给家长们，并把孩子们一天的活动汇报总结给家长，同时，我还拿着手机录下每个孩子对父母说的话，发给家长们听，以解他们的思念之苦。

有一天晚上有个家长打电话，说到学校里面的食堂门口了，虽然有些生气她的不配合，但是人家已经来了，我就打算让她偷偷地见孩子一面。没想到她说：“老师你误会了，我不见孩子，我给咱们班孩子们带来一点水果，每人都有份，我给你送到宿舍去吧。”

去了一看，夫妻俩打开后备箱，两大兜苹果两大兜梨，每个孩子都有份。

我曾有个设想，想给班级做一套班服，就是想在一些班级活动中统一着装，更能激发他们的班级荣誉感。但是我的想法有的家长不支持，这也情有可原，因为我想的也不成熟。在我想放弃的时候，很多家长纷纷表示愿意帮助我做这件事。有的家长甚至愿意把几个不参与的孩子的班服钱一起出了。后来，在大家的热心帮助下，几个家长也同意了我的提议，就这样，我们的班服顺利诞生了。我只负责策划了一下班服的设计，不出几天，家长就把一套漂亮的班服给我们送来了。至于联系商家讨价还价等全是家长的事儿。

平时有的学生头疼脑热，经常请假，我计划买一些常用药以备急需，家长知道了，有好几个从事医务工作的家长给我们友情提供了常用药品和消毒用具、创可贴，等等。有个家长很认真地给我写了个纸条，用药说明写得极为仔细。

班刊印刷的时候，王淦旭的家长忙前忙后，因为成本较高，我就印了六本，但是送钱的时候，家长执意不要。其实里面没有人家孩子的一篇文章。

又到期末，班里没有班费，怎么奖励学生就是个难题。去年的时候我自己花钱买的奖品。今年有两个家长给我们捐了三百元的活动班费。一下子有钱了，就想任性一次，买了奖品。

暑假中，为了让孩子们有计划地读书，我们专门成立了班级读书交流群：爱读书的毛虫。每周三的晚上我和毛虫们一起交流读书感受，我根据阅读章节预先出交流题目，然后大家积极发言，最后把发言内容整理上传到群里。

我看着我们班的孩子一天天在变化，心中充满了喜悦和感动。我觉得作为一名小学的班主任，给孩子一个锻炼的机会，让孩子学会去爱、去付出，让孩子享受大自然，享受亲情、友情、师生之情，这也许比一个冷冰冰的高分更有意义。

我是一名班主任，又是语文老师，我愿意借助语文的力量，做一名让孩子们喜欢、家长们信任的班主任。亲眼看着一群毛虫坚持不懈，化蛹为蝶，那是多么神奇又幸福的时刻。我期待！

这一场素颜修行

当我拿起剪刀裁剪这一年的时光之布时，即使这块布料如此寒酸，我仍怀有一颗神圣之心，且把我贫瘠的回忆和经历裁剪成一件简陋的作品——用我的爱和痛。

人生自是有情痴，此恨不关风与月

和周围的同事相比，我属于较早接触新教育的人。可是这早了的一小步，却让我感觉和周围的同事有了一大步的距离：当我为新教育热血澎湃的时候，周围的人只是冷眼旁观。虽然学校也加入了新教育实验学校的行列，但是，热血者少。

我却对新教育着了迷：我喜欢那些和孩子生命息息相关的诗歌，喜欢和孩子沉浸在一本本的名著里，喜欢那些让黯淡教育生涯熠熠生辉的仪式教育……总之，我喜欢极了新教育的宗旨：让师生过一种幸福完整的教育生活。

于是乎，仅凭一次的海门学习，凭借新教育论坛平台，我关上门，在自己的教室里热火朝天地搞起了新教育。

从毫无章法、随性的晨诵，到现在我自己编制的晨诵教材《那一缕童年的书香》，从单纯的晨诵到现在的活动—晨诵—写作序列化，从师生同读的无计划性到现在的阅读书目固定化、课型明确化，从一开始一个人的手忙脚乱到现在领导的认可、同事的羡慕、家长的支持……这一路走来，辛苦自不必说，各种滋味，也的确丰富了我的教育生涯。

我庆幸我有写随笔的习惯，我用毫无文采只有真情的笔，记录我一路走来的点滴，当我回顾那些文字编织的记忆时，我庆幸自己在这浮沉的世界里，仍保留了一点痴：我对新教育，不对，是我对教育的“人生自是有情痴，此恨不关风与月”的痴迷，因为这份痴，我能在职业生涯中，即使深一脚浅一脚，仍然不辍前行。

雾失楼台，月迷津渡

刚加入新教育的时候，热血沸腾的我，也是书生意气：我以为领导也会和我一样“痴”，在学校营造实施新教育的一切氛围、提供新教育实验所需的一切外在条件。可是，没有。没有总体计划，没有晨诵时间的安排，也没有午读时间的安排，更没有一个分工明确的团队。名不副实的几个成员，对新教育一无所知，仅凭着学校里人手一本的《走进新教育》，自己摸索去吧。

我的热血一下子到了冰点，忽然陷入深深的失落：有不解，更有抱怨。觉得这样应付性的工作我无法适应。

的确，我就是别人眼里的异类：教学任务一点不减，考核分数一点不加，自己不分白黑地加班做晨读的课件、和学生读名著、还做笔记、设计读书课型、组织各种活动……为了什么？

雾失楼台，月迷津渡。我觉得自己一下子陷入孤独，委屈，无人言说的境地。

新教育说，寻找尺码相同的人。于是，我申请并成为了新教育的一名种子教师，加入了新教育的各种群：新阅读群，六年级种子研讨群，种子计划群，新教育项目培训群，以及我们市里的各种新教育群。从此，每周的二、四、六晚上，我都像个虔诚的信徒，准时坐在电脑前开始我的网上学习。虽然有很多的作业，可是，我如饮甘醴。

我还申报了南明网师教育，选修了《人间词话》，虽然自己学得很艰难，可是每次做作业时的冥思苦想，每次上课时的茅塞顿开，都是一次精神上的盛宴。

当青蛙一下子跳出井底的时候，它就再也不抱怨水的污浊和浅了。

我一下子视野开阔，看到那么多尺码相同的人为了教育一腔热血、痴迷不悔，心里一下子觉得有了归宿。我们在一起探讨交流，一起上网学习。

想成为什么样的人，就和什么样的人站在一起。我站在了这个有点疯狂有点痴迷的人群里，一下子觉得，这就是我想要的位置和生活。

有的路，自己走得很艰难，可是，很多人在一起，却可以走得更远，更快乐！

人生中一定有个阶段，你会对周遭的环境不满，你想改变又苦于能力有限，于是你陷于雾失楼台，月迷津渡的迷茫和失落中，那就改变自己，当自己改变的时候，其实，你就改变了别人，改变了别人，就等于改变了你周围的一部分。

独立小桥风满袖，平林新月人归后

当我自己发生改变的时候，我发现周围的确有了改变。

首先，孩子们的学习和生活状态发生了改变。

因为工作调动，我新到这个学校就接手了一个很棘手的班级：纪律松散，人心涣散，学习成绩极差，特别是语文，在平行班中稳居倒数第一。

我束手无策的时候，就采用了“无为”的做法：不去潜心研究班级的管理艺术，只是潜心于新教育的摸索。我要改变孩子们的学习生活状态，让他们过一种幸福完整的教育生活。

我们给班级命名“毛虫班”，有了美好的班级愿景：坚持不懈，化蛹为蝶。有了自己设计的班徽，有了自己的班歌。

我们沿着时间之轴，在农历的天空下，在各种传统节日和现代节日之间，诵读那些优美的诗歌，让孩子们沉浸在诗情画意中，感受当下生活的美妙。

我们诵读范仲淹笔下的“碧云天，黄叶地，秋色连波”，感受秋之澄澈；诵读岑参笔下的“忽如一夜春风来，千树万树梨花开”，感受冬之浪漫；诵读林徽因笔下“你是一树一树的花开”，感受春之美好；诵读范成大的“梅子金黄杏子肥，麦花雪白菜花稀”，感受夏之热烈……

我们还在母亲节给妈妈做礼物、写“情书”，感受冰心笔下浓浓的母爱；我们在中秋节查阅中秋节的来历、风俗和传说，感受古人笔下中秋节的思念；我们在国庆节举行“我和我的祖国”演讲比赛，齐诵《我爱你，中国》，感受自己和祖国不可分割的感情……

我们的晨诵，已经不单单是诵读诗歌这么简单，我们让那些优美的文字和我们的生活息息相关，我们在各种活动中，把优美的文字和高尚的情感融入我们的血液。

我们一起阅读《草房子》，感受成长；一起阅读《安妮日记》，懂得了珍惜；一起阅读《我的妈妈是精灵》，体会爱的含义……我们不仅在故事情节中成长，我们还在各种阅读课型中提升了自己的文学素养：我们有人物形象分析课、语言鉴赏课、主旨探讨课、写作技巧模仿课、续写故事情节课……的确，这些名称如此不规范，可是因为我们师生一起思考、探索，我们却觉得其乐无穷，收获满满。

有了大量的积累和阅读，我们开始动手写自己的故事：我们建立了班级博客，定期征稿。为了让更多的孩子有参与的热情和机会，我们买了两个漂亮的本子，建立了班里的毛虫日记：每个人都可以动手，在毛虫日记上写发生在班里的新闻和趣事。

现在，孩子们觉得这样还不过瘾，很多自愿加入“我是爱写作的毛虫”签名活动，自己建立日记本，我们师生比赛写作。现在，我已经习惯了放下手机，拿起笔，在日记本上，一笔一画记录我的生活，因为，我和孩子们比赛，我总得跑到最前面。

就是在这些优美的诗歌中，在和孩子生活紧密联系的各种活动中，在师生一起阅读的经典文学中，在人人动手书写学习的生活中，孩子们慢慢发生了变化：他们不再冷漠、自私，不再对生活无动于衷，而脸上有了微笑，心里有了温暖，生活在对每一个节日和庆典的期待和憧憬中，幸福在缓缓流淌。

孩子们的改变，带来了家长的认可和支持。我们的家长热心无私地给毛虫班定做班服，我们的家长给班里友情提供了班级小药箱，我们的家长给我们捐赠了价值三百多元的图书，我们的家长把我们的作品集印成精美的刊物发放到孩子手里……

学校艺术节展演，我努力给孩子们争取了一个表演的机会：集体诵读《我骄傲，我是中国人》。当我们的表演让观众沉浸在震撼之中的时候，学校里一下子对我们毛虫班充满了关注和敬意。

于是，我们有了更多的展示自己的机会：在全县举办的新教育年度成果展的大会上，我把领导让我上一节晨诵展示课的机会，请求变成毛虫班的晨诵大会演，当我们的毛虫们在舞台上，伴着优美的音乐，自信优雅，让参会的老师意识到日积月累的晨诵给孩子们带来了多大的收获和精神风貌的改变。在全市的新教育经验交流中，我和孩子们一起上了《我爱这片土地》的晨诵课，孩子们的表现得到参会老师的大力赞赏！

郭雨涵的朗诵水平越来越高，朱恒言对朗诵爱到近乎走火入魔，孩子们阅读的书目越来越多，孩子们对写作的热情水涨船高……

我内心充满了丰实的喜悦。可是，不是惊喜，而是意料之中。

与其说相信自己，不如说我相信新教育的力量。

当我站在 2015 年的岁末，当我看到那些灿烂的笑脸，当我拿起剪刀裁剪这块我用心编织的略显简陋的布时，忽然想到“独立小桥风满袖，平林新月人归后”这句诗，我的感觉不是孤独和凄凉，而是平实的满足和恬淡。

我喜欢“回首向来萧瑟处，也无风雨也无晴”的人生状态，可是我也清醒地知道，我尚未修炼到此种境界。

那就让我站在岁末，回首这一年来的风雨历程时，能够坦然地对自己说：

这一场素颜修行，
我粉墨不施，
不求关注和掌声，
只愿，
不枉此段历程。

相信种子，相信岁月

去江苏学习朱永新教授的新教育归来之后，有句话总不时地浮现在脑海，像深深烙印在脑海中：相信种子，相信岁月！

多好的一句话！好到我一听，立刻感觉对它一见钟情。

正如一位实验老师所说，每一个生命都是一粒神奇的种子。那么作为呵护种子成长的老师，我该怎样去爱护你？怎样把最丰盛的营养给予你？

参观了一所学校后，我对“完美教室”有了初步印象：每一个班都有一个名字，每一个班都有一个美好的愿景，每一个班都有一个共同的宣言，每一个班都有一个标志，甚至每一个班都有一首班歌，都有一首班诗……

这像童话一样吸引孩子的班级，让我，一个成年人，都一下子爱上了它，何况那些身在其中的孩子呢？为了共同的美好愿景，许下共同的诺言和约定，这个仪式，让孩子们一下子投入其中，这样的班级，好比一块磁石，把每一颗童心紧紧吸在一起！

然而，这仅仅是完美教室的表层，完美教室不仅有这样吸引人的形式，当我听了有关专家的报道，我对完美教室有了更深的了解。

“晨诵，午读，暮省”是新教育最初最基本的模式。所谓“晨诵”，可不仅仅是背诵诗歌这样简单，背诵怎样的诗歌，是老师们潜心研究和合作的课题。朗诵的诗歌，分门别类，或以春夏秋冬四季美景为一系列，或以梅兰竹菊各种花草为一系列，或者是走进泰戈尔，或者是走进李白、杜甫……如果是母亲节，就以母爱为主题，如果是教师节，就以教师为主题……多种多样的晨诵材料，让孩子大开眼界，爱上诗歌，爱上语言，爱上生活！午读，就是师生同坐一室，静静享受整本书的阅读时间。暮省，就是每天晚上自我发问，看今天微笑否？进步否？

这样丰富的文学营养，为童年播下最美妙的种子，让孩子幼小的心灵一下子充盈着美好的文字，有书香相伴的孩子，怎会不快乐健康地成长？

完美教室，必须以书香为底蕴，让孩子在书香的熏陶下，快快乐乐地成长。

听了一节二年级的晨诵课，“唱支小曲迎春天”，老师以“春天”为诵读主题，在《春雨蒙蒙下》的美妙音乐中，拉开了学习的序幕。老师和孩子们背诵了童谣，温习了古诗，孩子们在多种方式的朗读中，对诗歌有了准确到位的理解。最精彩的是学生的回答，在读到“随风潜入夜，润物细无声”时，老师问：这是什么样的春雨？一个小男孩说：这是懂事的春雨。它知道晚上人们要入睡，所以就悄悄地下，多有礼貌啊！这样充满想象和童真的语言让老师们忍不住喝彩！

关于午读，教师通过三种课型对学生进行指导：读前推荐课，阅读推进课，阅读交流课。我听了一节阅读交流课——《我的妈妈是精灵》，很为老师的设计和用心感动，无论学生读到哪里，教师总能心领神会，恰当点评，只有师生同读，在情感上才有共鸣，才能更好地增加学生阅读的深度。我同样感动于学生们的表现，无论是口语交流，还是动笔为小说续写结尾，都显示出学生深厚的语言功底。

不积跬步，无以至千里；不积小流，无以成江海。我相信，我们看到的是展示的精彩，但是，中间师生的付出才是精彩的源泉。

完美教室，必须以底蕴深厚的教师为依托，让孩子在书香和教师的牵引下，优雅健康地成长。

各科教师对课程的研发也是这次学习留给我的一笔财富：体育老师带领的花样跳绳，兼具健身和艺术的美感；音乐老师对本地非物质文化遗产民歌的传承发扬，于家于国于个人，意义非凡；还有的老师利用博客、远足等形式，开阔孩子的眼界……

在这种学习环境下成长的，是一批怎样幸福的孩子？成就孩子就是成就国家，而这不正是教育工作者的顶级目标吗？

加入这个课题，就意味着我也为这个顶极目标的实现而奋斗。我有神圣的荣誉感和责任感，更有沉重的压力，我该让自己有怎样的专业素养和无私奉献的精神，才能让那些孩子，站在我的肩膀上，看到远方更美的风景？

我已启程，必定风雨无阻，我愿在自己的职业生涯中，书写自己的生命传奇！

行走，是生命最美的姿态

寻觅

一直喜欢苏格拉底的那句话：“未经省察的人生没有价值。”年末回首，省察之余，虽未见得为人生添几分价值，但梳理之余，除了有欣慰的收获，更有反思之余的计划，也算为下一学期的工作，点亮一盏灯，指明一条路。

回顾本学期的工作，依旧是烦琐的一大堆：上课、管理班级、批改作业，应对学校的各种检查……然后画面一转：仍旧是叽叽喳喳安静不下来的课堂，那几张上课说话下课捣乱的熟悉的脸，自己过早进入更年期的絮叨的样子——似乎年复一年，过的都是情节雷同的职业生活。

我一直向往的诗意的语文教学，在哪里？

好在我不完全是悲观主义者，作为新教育的一粒种子，每次在全国新教育 QQ 种子群里面的学习，在郭良锁老师带领的六年级种子群中的交流和分享，这些精神食粮坚定了我的教育信仰，也坚定了我尝试折腾的想法，那些种子的教学激情，教育情怀，创新的做法，是我不甘平庸的动力，所以，回顾完毕，心里最感谢的就是我加入的这个团队——大至新教育种子团队，小至我们六年级种子团队，因为跟着大家一起走，我才不掉队；因为跟着大家一起走，我才没有陷入抱怨和甘于平庸的怪圈；因为跟着大家一起走，我才在年末自己省察之余，找到让自己问心无愧的地方，让我觉得自己没有辱没“种子教师”的称号。

因为行走，我遇见了更美的风景

人生不能停滞，行走才是最美的姿态。

回顾这一年，我特别珍惜领导们给我提供的外出学习机会。

参加本市举行的教材培训，我对语文教学有了更高远的认识，除了纠结于分数的提高，我还从专家那里汲取了另一种力量：目标放高远，培养的应该是学生的语文素养而不是语文分数，培养的是活泼有情感的人而不是得高分的机器。这样的理念，对整日焦头烂额，埋头于听写、默写、修改病句、反复做阅读理解这些让师生都感到无趣的语文教学的我而言，是一束阳光，来自更高处的温暖和力量。斗胆说一句：我看到了语文界的希望，我重拾了语文教学的乐趣。

2017 年 7 月，我参加了新教育在南京的年会，再次被新教育下那些课程、探索和那些充满激情而又幸福的脸庞打动！内心被打了鸡血，而且是长久支持我奋力前行、摆脱平庸的鸡血，让我每次在设计课程和搞新奇活动这些别人眼里的“瞎折腾”中，享受别人无法理解的幸福。

2017 年 11 月，我参加了在连云港举办的新教育“新生命”教育活动，第一次被新生命的理念震撼！那些听到或者看到的灰色的教育现象，让我在敢于直视的同时，坚定了我的教育理想：培养人才，先从培养健康的阳光的生命开始。

所以，我的语文课堂有了生命力。

春天，我们围绕美丽的校园赏迎春花，观察新生的冬青的芽，惊艳于大朵绽放的玉兰，一群叽叽喳喳的少年，带着一双双惊奇的眼睛，去捕捉和感受春的生命力。这是我们的语文课堂。

夏天的第一场雨，我停下讲课，和他们安静地站在门外的楼廊，听雨。

秋天，我们去县城那条小街赏银杏叶，仰头看见一树金灿灿的树叶，除了赏析落叶的美，赞叹于大自然的鬼斧神工，我们更沉思生命的哲学。这也是我们的语文课。

冬天，我停下手中的粉笔，在第一片雪花落下的时刻，领着他们去操场玩雪。

我的这些做法，和语文学科有什么关系吗？有。它让这些鲜活的生命最自然地在生长，让他们春天爱花秋天爱叶冬天赏雪花，让他们爱自然爱生活。我喜欢那些不故作老成的少年的脸，喜欢他们笑得灿烂。

除了在地理上的行走，我还热衷于书本里的行走。

读了佐藤学的《静悄悄的革命》，我尝试让小组合作在各个方面发挥神奇的作用，除了课堂上活跃起来，我还看到不同的生命以不同的姿态在成长。

读了常丽华老师的《二十四节气诵读古诗词》，对我的晨诵教学起了一个醍醐灌顶的作用，让我从浅显的晨诵教学中走出瓶颈，看到更为广阔和深远的天空。

读了梅洪建老师的《家校合作——没有痛过你不会懂》，

我懂得怎样和家长沟通，充分发挥了家长对教育的辅助作用，很成功地开展了比如亲子共读、外出游春等家长参与甚至组织的活动，让教育更为和谐。

读了《你只是看起来很努力》，懂得了怎样高效地工作，更懂得了怎样在工作中提升自己，保留自己的个性，不随波逐流，坚守内心的底线。

读了《管建刚和他的作文教学》，对正在摸索作文教学的我有很大的指导作用，我在保留自己作文教学的点滴摸索的基础上，借鉴了管老师的很多做法，我的作文指导课也渐渐成熟，有了序列化和自己的特色，深受学生的喜爱，这让我颇为自得。

我还读了苏霍姆林斯基的《给教师的建议》，朱永新教授的《致教师》《我的阅读观》，李镇西的《幸福比优秀更重要》，童喜喜的《喜阅读出好孩子》《这一群有种的教师》《新教育的一年级》，王晓春的《问题学生诊疗手册》，汪秀美的《怎样能够让阅读教学更有效》，以及《教室里面的正面管教》《教出乐观的孩子》《56 号教室的奇迹》《我的教学勇气》《面向个体的教育》等近 20 本书籍，做了大量的读书笔记。

当然，我其实最爱好的还是文学，所以，文学书籍也读了不少：我喜欢的作家严歌苓的作品我几乎读了一大半：《陆犯焉识》《一个女人的史诗》《床畔》《芳华》《寄居者》《第九个寡妇》，等等，以至于我刚读署名严歌苓的《毕业者》，立马就觉得这是“盗版”！根本就不是她的风格。在百度上一查，沾沾自喜：我的直觉就是对作者最大的尊重！我还读了余华的《第七天》《活着》《许三观卖血记》，王小波的《白银时代》《青铜时代》《黄金时代》……当当畅销榜上前十名的文学作品几乎都买下，当然，至今还有几本未拆封，我得努力！

另外，忍不住炫耀，我终于买了心心念念的电子阅读器，里面下载了各种书！外出游玩或者学习时再也不用背沉甸甸的书啦！一机在手，看遍所有！这是 2018 年我送给自己的最满意的新年礼物！

行走，是生命最美的姿态。行走让我遇上最美的风景，让我努力去摆脱平庸，成为先让自己喜欢的自己。

一路前行一路歌

很感谢2014年3月的海门之行，让我有机会和领导一起走进了新教育。

初识新教育，我立刻被它的魅力折服，暗下决心：一定做个忠实的追随者，只为了让我们师生共同过一种幸福完整的生活。

学习归来，我迫不及待地把我满满的收获和欣喜同全校的老师分享，那是我们学校第一次接触新教育。我只恨自己懂得太少，语言不够精彩，恨不得让全体教师一下子像我一样，如此崇敬和向往新教育——那是我们师生一个多么美好的梦想。

感谢学校领导的支持，给我们购买了大量与新教育有关的书籍，在理论上帮助我们认清了方向，我阅读朱永新教授的《新教育》《我的阅读观》《新教育对话录》等理论书籍，为了更好地向榜样学习，我注册登录教育在线论坛，发了学校以及个人的主题帖，号召学校的实验教师人人建立主题帖，并把自己的一些做法、成果、疑惑等跟在学校主题帖后面，大家一起分享、鼓励、答疑。

通过自己的学习，我率先在学校上了晨诵课“你是人间四月天”，让大家在商讨中明确了晨诵课的几点注意事项，并和大家探讨摸索出了晨诵课的三种模式：晨诵指导课、晨诵交流课、晨诵展示课，虽然很稚嫩，但在探讨中，我们更近距离地走进新教育。

午读课的三种课型，很多老师一头雾水。我通过观看海门学习的视频，以及在教育在线论坛上的课堂实录，还和论坛上一些优秀的新教育人交流学习，我在学校分别上了《草房子》的午读推荐课、《呼兰河传》的午读推进课、《青铜葵花》的午读交流课，虽然课堂上瑕疵很多，但我在摸索中，更近地走向新教育，也为同事们抛砖引玉，引领大家在午读课上探索。

因为我向往新教育，因为我比其他老师早一步接触它，我总在不断地鞭策自己：你一定要带头，一定要做好，一定要让实验老师们跟着你不虚此行，一定要激发大家的教育激情，一起做有教育情怀的老师。

为此，我倡导大家建立班级博客，激发学生参与新教育的热情，最大限度地得到家长们的支持。同时，也要建立好自己的博客，把自己实验中点点滴滴的疑问和收获记录下来，在记录中我们彼此勉励，互相鞭策，争取让团队走得更远。

为了提高晨诵的质量，让晨读更能接近学生的当下生活，我和实验教师们利用寒假自行编制出晨诵的内容，并整理成册，印刷成书。虽然书稿不甚成熟，但是大家在出书的过程中，增加了对新教育的热情和对晨诵的认识，绝对是精神上的一次洗礼。

在午读方面，我充分利用宝贵的午读时间，和学生们共读、齐分享。每读一本书，我都会精心设计三种课型，争取让学生在我的引领下，把书读得更有分量。

我记得读完曹文轩的《青铜葵花》以后，我们班的学生几乎都买了他的其他作品，我们班级的书架上，曹文轩的系列作品早就凑齐了。

读《呼兰河传》的时候，很多学生觉得情节没意思，我查阅了萧红的生平，结合时代背景，给学生上了一节读书推进课。课后，我们班掀起了一股“萧红热”。电影《萧红》上映后，很多学生还和我在QQ上热聊。

读《小王子》,学生们一个个都做起了小作家,纷纷写续集。

读《我的妈妈是精灵》，很多孩子自发地给妈妈写了一封信，王小涵在信中说：“妈妈，无论你是什么职业，什么地位，无论你美丽还是平庸，贫穷还是富有，妈妈，你永远是我心中最美的精灵。”很多家长也纷纷给我发短信，对那次的读书活动大加赞赏。

截至目前，我和学生们共读了曹文轩的《草房子》《青铜葵花》《山羊不吃天堂草》《狗牙雨》《细密》《红瓦黑瓦》等一系列作品，以及《小王子》《呼兰河传》《特别的女生撒哈拉》《城南旧事》《老人与海》《边城》《我的妈妈是精灵》《小船小船》等近20部文学作品，每部文学作品上，我都和孩子们一起做了密密麻麻的批注，同时我的一系列读后感如《夜读〈小王子〉》《那段孤独的青春》在市级刊物《校园文化》上发表。

因为工作调动，我来到了黄山实验小学，很感谢领导对我的支持和帮助，我继续在班里实施新教育实验。我把自己前期的收获和疑惑向现在的同事们做了汇报交流，愿意和大家一起携手在新教育的路上走下去。

我建立了班级博客，用图片和文字记录孩子们跟随我在新教育路上的点滴，为的是让孩子们更爱读书，让家长们信任我、支持我，而我，只要我和学生们在语文课上过得幸福。

为了更好地提高晨诵内容的质量，我又结合学生们的当下生活，编制出晨诵的校本教材《书香浸润童年》，得到学校领导的支持和肯定，率先在学校印发，并让其他年级参阅。

只是因为我对教育的热爱，只是因为我也有一个梦想——师生共同过一种幸福完美的教育生活，我才在新教育的路上，努力前行，不言悔，不言累。

烟雨江南，艺术人生

2014 年 7 月 11 日—14 日，我有幸参加了新教育的年会。本次年会在古城苏州举行，“相聚烟雨江南，共话艺术教育”是这次年会的主题。

苏州在我的印象中是一座充满“小桥流水人家”味道的婉约的城市。匆匆入住酒店，入目皆是车水马龙，高楼大厦，感觉和其他都市无异。

晚饭后，我们几个跨过酒店前的马路，百步左右，走进对面的平阴历史古街。

一跨入古街，烟雨江南的味道马上就显现出来了。

极窄的古道，中间一条小河，两侧是令人怀旧的小民房，旧而古朴，但是装饰得却无一例外地温暖清新：小巧的盆栽，艺术化的店名，悠闲的店主，文艺范十足的小广告 —— 寻找卖本本的小女孩 —— 不过是文具店招募店员而已；李老先生的肉肉 —— 不过是一家卖牛肉的小店；一家喝茶的小店，店门口写的是：只有火星人才是急匆匆的，我们地球人都是慢腾腾的……总之我是喜欢极了这条小街，令人想起乌篷船，外婆桥，昆曲，吴侬软语……

还未参加年会，我就对年会的主旨“相聚烟雨江南，共话艺术教育”有了先入为主的主观认识：艺术就是让生活慢下来，慢慢享受，让脚步和灵魂同步。

年会的议程丰富多彩，无论是各学校的文艺汇演，还是我们参观的各所优秀的示范学校，还是几位新教育课题实验中卓越老师的报告，都让我受益匪浅：从起初的懵懵懂懂，到后来的豁然开朗、赞叹不已，所有的感受都指向一点：艺术点亮人生。

艺术有什么用？其实与技能相比，或许它没有什么世俗认可的价值，当然，各种艺术等级考试，特别是在中考、高考中加分的例外（而这一点恰恰是家长争先恐后、让孩子走进艺术殿堂的主要原因），可是，艺术之于人生，就如玫瑰之于爱情，没有它，似乎也完整，可有了，却不一样。熠熠生辉？锦上添花？我认为更恰当的比喻是：似乎是一副绝色容颜，突然有了灵魂。

我不懂舞蹈，可当我看到那些聋哑学校的孩子在音乐声中翩然起舞，我似乎看到美丽和自信的灵魂在升腾，我相信，因为艺术相伴，那些聋哑儿童活得一样自信，精彩纷呈。学艺术的孩子不会变坏，艺术是上帝赐予这些孩子的翅膀，有了翅膀，他们更接近天使。

我不懂昆曲，可看到千灯小学老师报告中提到的内向自卑的小女孩，一袭白戏衣，媚眼流转，万千柔情，我不得不赞叹艺术的神奇。每个孩子的特质不一样，我们不能用同一个标准衡量不一样的灵魂，多姿多彩的艺术，给孩子呈现了多样的舞台，在这样的舞台上，孩子更接近自我，更酣畅淋漓地展示最佳的自己。

我不懂名画、名曲和电影，可听到陈铁梅老师向我们介绍的名画课程，杨川美老师向我们介绍的名曲课程，祝禧老师向我们介绍的影视课程，我强烈直观地感受到了各种高深的艺术，我不懂其内涵，可我能感觉到自己内心的神圣感和心为之神往的激动。艺术陶冶情感，艺术点亮人生，我读不懂参不透这些世界名人为我们遗留的宝贵的艺术财富，可是我希望有那么一批坐得住的孩子，在艺术的殿堂里，让这些优秀的艺术财富缓缓流淌过他们幼小的心灵，留下的是无痕无声的美，这些艺术财富和坐得住的品性足够让孩子们在以后的世俗人生中回味无穷。

我不懂的太多，可走进这些艺术，我心生崇敬和向往，我辈之人年幼时没有机会接触艺术，失去了多少欣赏艺术享受艺术的机会，我记得龙应台在和孩子安德烈的交流中，提到一个观点，很多学问成年以后可以补，唯有艺术不可。我强烈赞同这种观点。如今，有这么好的机会让孩子们接近艺术，走进艺术，让艺术点亮他们的人生，甚至成就他们的人生，我们所需要做的，就是像所有新教育优秀同人正在做的那样，为孩子提供机会，为孩子提供更好的课程式的学习资源，像千灯小学那两个让我们肃然起敬的志愿者老师那样，奉献我们的真诚和精力，为了艺术的传承，为了孩子的人生。

最后，感慨万千，唯有改用朱永新教授年会报告中的一句话做结语：艺术，呈人之美，我们，成人之美。

给家长的一封信

——我们来谈谈阅读

亲爱的家长们：

大家好。

今天我想和大家谈谈阅读。

阅读的重要性我就不再赘述了，大至世界性的“世界读书日”，小至我们国家乃至我们县、我们学校近年来提倡的“书香社会”“书香家庭”“书香班级”“书香少年”等，无一不在证明阅读对一个人一生成长的重要意义。

“腹有诗书气自华”，一个读过书的人无论是在见识上还是容颜上，都会和不读书的人有区别。所谓气质，由内而外的书香气恐怕是最难花钱装扮的，所以，读书不仅是孩子的事，更应该是所有人的事。读书的人最有涵养也最有智慧，可是有的人会说“我不喜欢读，一读就困”。在理解的同时，我也深表遗憾，所以，让我们的孩子从小就培养读书的爱好吧。让他从小就喜爱读书，不仅能在将来的中考高考中成绩优异（可不仅是语文成绩优异，不阅读的人将来连题目都读不懂，阅读速度慢的人，连试卷都读不完），而且能一辈子做一个儒雅的书香之士。

有句话说，世界正在惩罚不读书的人，所以，爱读书的孩子将来一定会得到世界的奖赏。

读书除了强迫，更重要的是兴趣。有的兴趣是天生的，但有的需要后天培养，读书也许属于后一种。

怎样培养孩子读书的兴趣呢？说说我的个人之见。

首先，有书可读。把花在孩子身上的钱，一小半甚至四分之一、五分之一用来投资买书，您能做到吗？您舍得给孩子买品牌服饰，去高档饭店吃饭，出去旅游，投资在他们学习舞蹈、乐器等的辅导班上，这些都很值，可是孩子的内心世界不能枯萎，所以，给孩子买书吧。当一个家庭四处散落着书，孩子触目、触手之际，都能很方便地与书接触，这是培养孩子读书的基础要素。另外，咱们县的图书馆免费办理阅读证，交上 100 元的押金，就可以随时借阅，很方便。

其次，要有读书的环境。我特别喜欢图书馆的氛围，安静，充满书香之气，只有在这样的氛围中，心才会静下来，投入阅读。想想孩子们每天的阅读是一种自我享受的投入还是一种被迫的无奈？兴趣是最好的老师，所以，给孩子创设一种安静的氛围，没有任何诱惑——比如开着的电视，正在玩手机的父母，让他们静心阅读，才能投入其中，才能享受到阅读的乐趣。兴趣有了，阅读就能坚持了。

最后，因为孩子年龄小，活泼好动，电子玩具比书更有诱惑力，所以，兴趣的培养需要您的参与。

最好的配合就是亲子阅读。我看群里刘家豪妈妈做得非常好，她每天都在微信里给孩子的阅读打卡，记录孩子的阅读内容和收获。这样的陪伴对孩子来说是最温馨的，坚持下来，孩子的回报就来了：家豪告诉我，他最喜欢的事就是读书。

亲子阅读可以和孩子同读一本书，阅读过程中你的指引、你们的对话，对孩子的阅读水平是一种提升。如果这有难度，您可以选择读自己喜欢的书，陪伴孩子在灯光下安静阅读，让孩子在阅读中体会阅读之美，性格上也会慢慢地静思慎言，您就不用担心他课上坐不住、爱走神了。我有一个做美容的朋友，孩子上初三了，平时她又忙又累，和孩子的交流不是很成功。前几天她让我推荐几本书，除了想学习和孩子沟通的技巧，更想丰盈自己的精神世界，只有自己的世界和孩子的世界平行了，才能走进他的内心。我很为这个朋友点赞。

刚才别的班有个家长——孩子的爷爷，在和老师交流时说：“他父母忙啊，都是我管，我也不懂什么微信之类的，总错过消息。他父母就是不忙，也都是在玩手机。教育孩子只能靠我。”

爷爷奶奶这一辈的教育理念，怎能教育出适应这个日新月异的世界的孩子呢？

为人父母很辛苦，教育孩子偷不得懒，否则，你偷的懒将来都会让你和孩子乖乖接受来自社会的惩罚。

好了，言归正传。我们的阅读记录卡是每天都要坚持写，不是为了应付老师的作业，是为了培养孩子的阅读兴趣和坚持阅读的品质，所以，您要坚持。孩子想偷懒的时候，您要监督。孩子的读书兴趣和意志力没培养好的时候，需要您的扶持。

爱上阅读吧，让孩子，让我们。爱读书的孩子不会变坏，爱读书的成人不那么世俗，拥有自己的精神世界才是最大的财富。

与您共勉。

追忆似水流年

——我的阅读史

人生若只如初见

很惭愧，我的阅读史开始得很晚。

作为一个生于偏僻农村的孩子，在家家户户几乎连个报纸角都看不到的前提下，我的阅读史最早开始于我的小学语文课本。我至今仍清晰地记得我读“春天来了，冰雪融化，种子发芽，果树开花……”时的欣喜激动，那是学完汉语拼音的第一篇课文，我拉长了声音，像唱歌似的读课文，比玩任何游戏都感兴趣，读到背诵下来，仍旧兴趣不减！或许这就是高科技电子产品匮乏带来的唯一好处，让我们满足于仅有的乐趣，不会因为选择太多而茫然失措。

我是那样痴迷于那些汉字组成的课文，每一篇，不是几乎，是肯定地说，我都能像唱歌似的背下来。拖长了音，除了是阅读技巧出错以外，反倒更像是一种享受。你能想象一个七八岁的孩子，甚至还流着鼻涕，脸上却开了花一样地在唱课文吗？那是一种乐趣和享受，没有音乐、美术甚至体育课，更没有各种花样百出让人沉迷的电子游戏，读课文、背课文就是我最大的精神享受。

我很骄傲地说，我对文字的敏感力似乎与生俱来。小小的我能在唱歌似的诵读中，脑海里浮现出相应的画面。我至今仍清晰地记得那个“冰雪融化”后面我脑海里有活蹦乱跳的小鱼，那个跳伞的姐姐被我在课本的插图上画上了齐齐的刘海——因为我姐姐的发型是那样的。（《蓝天 降落伞》，姐姐的胆子真大，敢从天上跳下！蓝天上花儿朵朵， 也不知道哪朵是姐姐的花。）

如今做了小学的语文老师，我很提倡孩子在黄金记忆年龄多读书，除了读的篇目要多，更主要的是多读几遍，直至背诵，这对于文字和想象力的结合是很有益处的。

我的阅读材料太匮乏了，小小的语文课本已不能满足我对阅读的渴求。我开始阅读姐姐的语文课本，她刚发到手不几天，就已经被我从头读到了尾，几乎每一页都留下我阅读的痕迹——脏脏的小手印，姐姐气急了，藏起来。可是有一次她写作文，有一个“姊妹”的“姊”不会写，我脱口而出在她课本多少页，让她惊呆的同时，我在父母面前大大地得意了一把。从此父母不准她再藏课本。

我还记得我小学的语文书都是早早烂得不成样子，还没学完，后面的都已经被我翻得面目全非。我记得有一次语文老师看到我的书，狠狠地骂我后，说：“我看你怎么学！”我就小声地说：“我已经背过了！”老师惊呆不已地看我熟练地背完未学的课文。

这是我经常向儿子炫耀的资本之一。当然，这是在他打击我，貌似无心地发问“你数学学得怎样？”之前。

想象我的童年，虽然阅读资源匮乏到现在的孩子不可想象，可是，正是因为匮乏，才能让我对仅有的阅读资料爱到如醉如痴；因为匮乏，才更加专一；因为专一，才能爱到不漏一字地背诵。这种最原始的阅读方法，是我觉得最有效的阅读方法。

当然，如今阅读资源丰富到孩子们目不暇接的程度，怎样精心挑选阅读材料，怎样培养孩子静心阅读的习惯，这些是我们语文老师要研究的专业课题。我正在做，虽是摸索，但小有所获，特别是加入新教育课题以后，得到很多专业的引领。当然，这是后话。

第一次看到“人生若只如初见”这句诗的时候，我首先想到的就是我和文字的第一次接触：在我还是一个懵懂孩子的时候，我和她就一见钟情。至今，我矢志不渝：执子之手，与子偕老。

一半是海水，一半是火焰

迈进初中，我开始接触更多的课外阅读。从最初老师指定买的各种作文选，到后来让我着迷的两本杂志——《童话大王》和《少年文艺》。

真诚地感谢这两本杂志，那是我迈进阅读世界的两级重要的台阶。

那时候我们农村的中学里根本就没有图书馆，订阅课外书的都是家里条件极好的孩子，我记得我们班里校长的女儿订的《童话大王》，我第一次看到，软磨硬泡地借过来，看到痴迷。

《童话大王》上面连载的都是郑渊洁的童话，就是在那里，我认识了陪我快乐成长的皮皮鲁、鲁西西、舒克和贝塔。那些童话，为我枯燥贫瘠的童年增添了美好和想象。

我至今仍旧对郑渊洁保持崇拜感，虽然已经过了读童话的年龄。但感谢他的童话，给我的童年插上了想象的翅膀，让我物质贫瘠的童年，精神世界却像童话一般美。

当然，我为之付出的代价，比如说鞍前马后地讨好乖戾的校长小姐，忍着对她的厌烦陪她玩，这些，都不值一提了。

《少年文艺》是我在县城里的表姐家邂逅的。32 开的厚厚的杂志，安静地立在书架上，每次读完，我都是满怀崇敬和依恋地把它庄严地放回书架——那么好的书，它配或者说它必须立在书架上。那是我第一次在这么好的杂志里接触到那些美好朦胧的情感，无论是纯洁的友谊，还是萌芽的初恋，所有的情感一律清新脱俗，和当时俗世的眼光，师长们视若洪水野兽般的态度不一样，它更懂得我们的心，懂得我们少男少女的秘密。

现在看看当时的《少年文艺》，简直就是很多知名作家的处女作发源地，比如曹文轩、陈丹燕、孙云晓、黄蓓佳……多年以后，当我做了小学语文老师，再次看到他们的作品，总是毫不犹豫地推荐给我的学生，这种信赖，源于小时候对《少年文艺》的深厚情感。

初二，我开始迷恋长篇小说。

当时我看的第一部小说是张恨水先生的《北雁南飞》，是在《解放军文艺》上连载的。那是从部队退伍的叔叔带回来的，那是我最奢侈的文化大餐。

你也许很难想象，一个 15 岁的小姑娘是用怎样的心情来阅读“鸳鸯蝴蝶派”的爱情小说的，我清晰地记得读完后的那个下午，我轻轻掩上门，一个人走在那条绿树掩映的石子路上，看阳光透过树叶的间隙洒在地上的斑驳的影子，听满树的叶子在风中轻轻吟唱，既有满腹的忧伤，又有淡淡的失落。一个15岁的女孩便已领略到，原来世界上有些事情既甜蜜又忧伤，竟刻骨铭心地体会到了无奈的滋味。

原来书中有这样广阔的世界，原来生活可以这样丰富。

从此，我就真正迷上了小说，准确地说，是更加迷恋小说。

初三的时候，正逢琼瑶小说风靡，我无可救药地迷恋上琼瑶。不可否认，琼瑶的小说对于毫无文学功底和情感懵懂的怀春少女，极具杀伤力。当时我整天沉迷于那些忧伤唯美的爱情故事：《我是一片云》《几度夕阳红》《烟雨濛濛》《庭院深深》《在水一方》……极尽所能地借阅，小本子上密密麻麻抄满那些风花雪月的唯美句子。

正当我为小说中惊天动地的爱情故事唏嘘不已的时候，我接触到了金庸的小说，立马觉得琼瑶的小说真是虚假，不接地气，全然是骗小女孩的。于是乎，我立刻“叛变”，完全迷上了金庸。

感谢琼瑶，让我在青春年少接触到那么唯美浪漫的情感，以至于当别的女孩陷于早恋时，我环视四周：哪里去找琼瑶小说中男主人公那样的男子？曾经沧海难为水，除却巫山不是云。因此，我傲视所有男生，躲避或者说错失了早恋的机会。

我看的第一部金庸小说是《天龙八部》，是念高中的姐姐从同学家借的，期限只有五天。那么厚的书，要在临近初中毕业的关键时刻——既要正常上课、按时完成作业，又要忍受升学的压力的条件下看完，现在想来简直是天方夜谭，可那时，我真的五天就看完了！那五天，可真是废寝忘食了。那时正值酷夏，午睡的时间我一个人溜进学校后面那片树林中，坐在一个树墩上，看得忘情。晚上待查宿的老师一走，我就用手电筒照着看，蒙上被子，彻夜不眠。就这样痴迷地走进了那个刀光剑影、义重如山的世界。那五天不但不知疲倦，而且精神抖擞，觉得自己心中豪气万丈，宛如一个江湖义侠。

自此一发不可收拾。我一下子从一个多愁善感的琼瑶迷转换成一个仗剑走天涯的侠女——儿子笑我角色转换之快之大，我竟然能保护着神经系统没有分裂，也为一奇。

“飞雪连天射白鹿，笑书神侠倚碧鸳。”虽没有一部不落地看遍金庸的作品，但其中一大半是学生时代看过的。

前段时间儿子心血来潮，要看金庸的《神雕侠侣》，一下子勾起我的金庸情结，从当当网买了金庸的全部作品——满满一大箱子！可惜，拿起以前没读过的，不过几页，竟昏昏欲睡。惭愧之余，看到儿子看得津津有味，也算一种救赎：原谅我，再也没有了少年时期的豪气万丈。

有人说，每一个男人都该在少年时代读读金庸，其实女孩子也该读读。金庸的作品，很多情节、人物都已模糊，但那种义薄云天的侠气，于国于民的忠诚，对我为人处世的态度颇有影响。

从《童话大王》《少年文艺》，再到琼瑶、金庸，我的青春年华，它们一一见证。

多年以后，蓦然回首，那人却在灯火阑珊处：静静地守着我的青涩年华，见证了我悄然的成长。

好书伴我，免使年少光阴虚度过

非常幸运的是，我高中时的同桌，她父亲在当地图书馆工作，所以，在当时书源极少的条件下，我有幸读到了很多影响我成长的世界名著。

我读的第一部外国名著是英国作家夏洛蒂·勃朗特的《简·爱》，“我现在跟你说话，并不是通过习俗、惯例，甚至不是通过凡人的肉体——而是我的精神在同你的精神对话，就像两个都经过了坟墓的人，我们站在上帝跟前，是平等的——因为我们是平等的！”现在我仍然能准确流利地背出这段话，它让一个既不漂亮又不聪明的普通女孩子，在那个极敏感的年龄段，快乐而又自信地活着。

感谢《简·爱》，它推开了我走向世界名著的大门。

后来，我又陆续读了司汤达的《红与黑》，托尔斯泰的《安娜·卡列尼娜》，奥斯丁的《傲慢与偏见》，海明威的《老人与海》……这些高品位的精神食粮大大丰富了我的精神世界。

有个阶段，我迷恋上了中国的古典诗词。那时同桌家里有一本厚厚的《中国古典诗词赏析》，像《现代汉语词典》那样大，那样厚。在我的软磨硬泡下，好不容易向同桌借阅了一星期。

还记得捧起那本书的感觉：厚实，是古色古香的线装书，摩挲着那厚厚的纸张，心里狂喜不已，抱在怀里不愿放下，即使在从教室到宿舍的路上，也来回抱着，吃饭的时候，一边吃，一边看。

那时一有空闲，我就摘抄那些意境优美的古诗词，一星期竟抄了三大本，现在仍像宝物似的珍藏着。一些优美的诗词现在仍能倒背如流，“新来瘦，非干病酒，不是悲秋。”“重重帘幕密遮灯，风不定，人初静，明日落红应满径。”“悲欢离合总无情，一任阶前，点滴到天明。”

我私下认为，古典诗词最能体现中国语言的奥妙无穷了。单单几个意象，就让人浮想联翩，想用自己拙劣的文字描述，百字下去，竟不敌诗词中一个字来得巧妙。

一次在新华书店看见了这本书，欣喜若狂地买了下来，有种“众里寻他千百度，蓦然回首，那人却在，灯火阑珊处”的感觉。

前段时间买了很多关于古典诗词鉴赏的书，比如线装版《宋词鉴赏辞典》《唐诗鉴赏词典》，看完鉴赏，才知道以前也只是朦胧地喜欢表面的文字，多年以后，与它们再相逢，读了鉴赏，了解了作者的生平经历，再读，才知道以前的喜欢是多么浅薄。

漫卷诗书喜欲狂

到了大学，面对图书馆那些浩如烟海的图书，我犹如饥饿的人看见了满屋的面包，觉得自己陡然成了世界上最富有的人。课余时间，我几乎天天泡在图书馆，室友们形容我“不是在图书馆，就是在去图书馆的路上”。

那时看的多是些文学评论，因为这些名人的指点，对以前看的小说一下子有了理性的认识，才知道原来文学里有这么深这么多的奥妙和学问。那时还尝试着写了些评论性的文章，比如迷恋纳兰性德，就凭自己的臆测，评论他的诗词，现在想想，真是无知者无畏！还曾评论过偶像鲁迅先生的唯一一部情爱小说《伤逝》，对全文充满了敬畏，哪里有评论者的理性。还曾大言不惭地批判过林语堂，因他“帮闲文人”的称号，更因对鲁迅的崇拜，便将他“一棍子打死”了——抱定不管国是的文学家不值得推崇的观点。

现在回头看看，毕竟是年轻气盛，观点过于偏激了。

后来看了林语堂的《京华烟云》，这部被提名为诺贝尔文学奖候选作品的长篇巨著，对他有了全面的看法。能驾驭从义和团运动到抗日战争这四十年中国的历史风云，能勾勒数以百计的各个阶层、各色人等的不同灵魂，能在平淡自然中鞭挞丑恶，揭示美的毁灭和毁灭的美，这不是一般作家所能处理好的。毕竟，优秀的文化是全世界共同的财产。

这段时间正在看林语堂的《苏东坡传》，这部书被誉为20世纪四大传记之一。看完以后，除了对苏东坡有更理性的认识，愈发喜爱他的诗词，更对林语堂深厚的文学功底和渊博的学识敬佩不已，而且他看世辨人的态度，也让我颇受益。

一个人的精力有限，所以较之浩瀚的时空，他的经历必定是残缺的。是书，为我敞开了一扇观望世界的大门，给了我精神上完整的体验。生命的长度有限，有书伴我成长，它将变得无限丰厚、充实。

南北东西，只有相随无别离

工作以后，我有幸成了一名语文教师，与阅读的情缘，真是“南北东西，只有相随无别离”。即使生活拮据，但买书、读书仍是我生活中最大的乐趣和享受。

因为工作性质的缘故，我开始接触一些专业的理论书籍。说来惭愧，我正儿八经阅读的理论专著很少，受益颇深的是最初读的苏霍姆林斯基的《给教师的建议》，那是上岗第一年老前辈推荐的好书，可惜当时觉得“如此简单”的建议，多年以后再读才能领悟其精髓：教学不是演戏，大繁至简，只有怀有一颗“不以繁华易素心”的心，才能做一个成功的教育者。

这期间零零碎碎读过几本有关语文教学和班主任工作的专业书籍，虽收益颇丰，但总感觉自己疏懒，零零碎碎，没有内化为自己的精神财富。

现在有幸接触了新教育，我认真阅读了朱永新教授的《新教育》《我的阅读观》《新教育对话录》等理论书籍，为了更好地引领孩子们上好阅读课，我仔细研读午读课的典型课例，在学校分别上了《草房子》的午读推荐课、《呼兰河传》的午读推进课、《青铜葵花》的午读交流课，虽然课堂上瑕疵很多，但我在摸索中，和孩子们更近地走向新教育，走进幸福完整的教育生活。

截至目前，我和学生们共读了曹文轩的《草房子》《青铜葵花》《山羊不吃天堂草》《狗牙雨》《细密》《红瓦黑瓦》等一系列作品，以及《小王子》《呼兰河传》《特别的女生撒哈拉》《城南旧事》《老人与海》《边城》《我的妈妈是精灵》《小船小船》等近 20 部文学作品，每部文学作品上，我都和孩子们一起做了密密麻麻的批注，同时我的一系列读后感如《夜读〈小王子〉》《那段孤独的青春》等在市级刊物《校园文化》上发表。

因为阅读，我有了倾诉的欲望，至今，撰写随笔和教学论文二十余万字，近五十余篇在《班主任之友》《班主任》《山东教育》《少年文艺》《辽宁青年》《语文报》《中国教师报》等刊物上发表。

我坚信，爱阅读的孩子不会变坏，所以，我这个爱阅读的老师，愿意在阅读的世界里，引领着孩子们畅游。

此刻，我心为火种，此刻，我渴望尽情燃烧——点亮自己，照亮别人。

夜读《小王子》

在一个无所事事的夜晚，我顺手拿起这本买给儿子看的童话书——《小王子》。

作者圣埃克絮佩里是一个了不起的飞行员，他说："此书是写给那些还记得自己有过童年的大人的。"

于是，跟随作者纯净的文笔，我走进了一个成人的童话世界。

"我"是因为飞机出了故障而降落在撒哈拉沙漠里的，就是在这片荒无人烟的沙漠，我认识了来自外星球的小王子。

随着与他的交谈，我渐渐对小王子有了大致的了解。比如他来自一个和房子一般大小的星球，他想让我给他画只羊，而且是精神抖擞的羊，以便吃掉它星球上能繁殖很快的猴面包树，他还在星球上保留了一朵娇嫩的、有点小虚荣的、有点爱说谎的玫瑰花，他喜欢在孤独的时候看日落，他拜访过其他星球，遇到了很多不可思议的人……

有人说，童话其实是写给成人看的，真是有道理。

我从这本简单的童话书里面，读出了爱情、友情和人性。

那朵小小的玫瑰花，象征着我们所爱的那个人。其实她和地球上那大片的玫瑰花无异，只是，我们独爱那一朵。毕竟，真正的爱是专一而不是泛滥的，当你因为和其中一朵玫瑰花有了共同的经历，所以你会爱上她，而且觉得她独一无二，即使她平凡得和别人一样，即使她还有你也清楚也不喜欢的小缺点，可是，还是爱了，而且，即使遇到一厢情愿痴爱自己的小狐狸，你仍然忘不了那朵玫瑰花，甚至更清醒地认识到：我只爱那朵玫瑰花。“你在你的玫瑰花身上耗费的时间使得你的玫瑰花变得如此重要。”或许这就是对为什么爱一个人的最好解释。

那只可怜的爱上小王子的狐狸，就像所有单恋者一样可怜。有时候毫无保留地爱上对方，可是对方就是忘不了他的玫瑰花，有什么好抱怨的？这只狐狸多豁达，她说：“驯服对我是有好处的——因为麦田的颜色。再回头看那些玫瑰花吧！到时你就明白你的玫瑰花仍是举世无双的一朵花。或许只有她最懂爱的真谛吧，如若不能拥有对方，那段经历却是值得珍惜的。爱就爱了，得不到也无所谓，爱别人或被别人爱，都是一种幸福。”

读《小王子》我明白了爱是专一，爱是负责，爱是彼此毫不抱怨，彼此珍惜。

小王子和“我”，不是同一个星球上的物种，没有共同的爱好和经历，可是，还是成了彼此牵挂的好朋友，看来王勃的名言适用于任何一个国度：“海内存知己，天涯若比邻。”待在一起腻腻歪歪的是好朋友，好久不联络一想起却很温暖的是好朋友，甚至永远没有机会联络的念念不忘的也是好朋友，小王子说得多好：“当你不再感到伤心的时候（时间会冲淡一切伤痛），你就会因认识我而感到心满意足。你是我永远的朋友。将会和我一起欢笑。为了欢乐，你会经常打开窗子……当你的朋友看到你因仰望天空而大笑时，一定会感到莫名其妙！到时候，你可以对他们说：‘是的，星星总让我开心而笑！’”

是的，你总会让我欢笑，即使看不见你，可想起你，总会感觉你一直在我身边，我仰望星空的时候，我相信你能看到我。

小王子拜访的那些不可理喻的人，不都是我们人性弱点的缩影吗？

那个喜欢发号施令的国王，即使身边没有一个人，仍要保持高高在上的“国王”身份，他是谁？他的价值是什么？他不知道，他只是觉得统治和命令别人就是高人一等的表现。

那个忧郁的酒鬼，不断地用喝酒来忘记自己的羞愧，而他的羞愧恰恰是自己无法摆脱喝酒的诱惑。看似矛盾的论证，却一针见血地找出了我们人性的弱点：在自己无法克服的缺点中兜圈子，永远绕不出来。

那个具有控制欲的实业家，他永远满足于自己拥有的一切，其实一切不过是一个枯燥的数字而已。那个貌似忠诚的点灯人，他永远不知道自己活着是为了什么，只是忙碌，机械地忙碌，即使忙得身心俱疲，仍不知道自己活着是为了什么，更无法体会生存的快乐。还有那个只搞理论不去实践的地理学家，和我们身边的某些“专家”多像啊：只会滔滔不绝地说，从不脚踏实地地干。

夜读《小王子》，我读出了很多。

愿你在阴差阳错中，阳光成长

十五岁的男孩十月，妈妈因癌症去世了。

十五岁的年龄，脆弱敏感。寄宿在舅舅家里，既要忍受舅舅的好吃懒做和发牢骚，还要忍受表哥静安对他的各种找碴，唯有舅母和表妹静宜让他感到一丝温暖。

他想妈妈！爸爸去世后，唯有妈妈和他相依为命，他才十五岁，就一下子成了名副其实的“孤儿”。

忽然，他发现妈妈去世之前给他留下一封信，和他玩挖宝游戏：让他按顺序打开信封，完成指定任务，最后揭晓了他的身世之谜。

许有彬的小说的确悬念迭起，我就这样被吸引着，一天的工夫，读完了他的《十月》。

吸引我的其实不是悬念，吸引我的是母子之间的这个游戏。

母亲在，希望你永远不要长大，母亲要走了，你必须长大。

所以，母亲在一封封信里，用玩游戏的方法，让十月学会了成长，也揭开了他的身世之谜。

在第一封信中，让十月学会坚强：保证一周内不落泪。

所以，无论十月多么悲痛，他都忍着。

孩子，这个世界总有意外，你要学会勇敢面对，还要学会咬着牙坚持。不落泪，不仅仅是不掉眼泪，更是忍受，是坚持，是勇敢。

第二封信，妈妈让他和静安和好，凭自己的能力打工挣100块钱。

十月很为难，感觉明明是静安找他碴，怎么和好如初？

于是十月首先和静安对话，了解了静安为什么对他不友好。原来静安觉得十月是“入侵者”，抢走了属于他的母爱，连妹妹都愿意和十月玩。

十月于是反思自己，换位思考，于是，他找到了舅妈，让舅妈多去关爱静安，让静宜多和哥哥玩。

后来，十月为静安背了一个黑锅，两人终于和好如初。

孩子，步入社会，总会有和你不合的人，针尖对麦芒，只会两败俱伤。你要学会换位思考，要学会宽容和体谅，如若真是你无意间伤害过对方，你还要学会用实际行动弥补。与敌人相处，最妙的做法就是化敌为友。

第三封信，妈妈让十月把最落后的历史学科考满分，而且让他去历史老师家里住一晚。

十月几乎想要放弃了。

怎么可能？以前排名倒着数的学科，怎么一下子考满分？历史老师家里刚添了宝宝，在家坐月子呢。

忽然事情有了转机。因为历史老师坐月子，语文老师暂时带历史课。

为了历史考一百分，十月做了小卡片，时时刻刻背历史题：吃饭背，走路背，甚至上厕所的空当都背。

终于功夫不负有心人，十月的历史小测验得了满分。

十月和语文老师关系不错，语文老师终于答应让十月到她家里住一晚。

孩子，不要那么轻易地就认定自己不行，凡事只要你用心付出，一切皆有可能。所以，如果遇到自己最不擅长的事情，就要用最积极的心态、最努力的行动，去接受挑战，争取做一个凯旋的胜利者！

当然，故事不是这么简单。在这些经历中，十月最终知道了自己的身世，虽然自己不是母亲的亲生儿子，但是，母亲可能是假的，母爱却是货真价实的，不掺假。

我佩服这位母亲，用如此巧妙的方式，给孩子留下了如此丰厚的礼物：教会了他怎样勇敢地生活，怎样与别人友好相处，怎样尽己所能把不可能变为可能，也让他慢慢走进了自己的生身父母，慢慢接受了自己的新家庭。

可是，即使知道了他的生身父母是谁，十月还是选择了和从小生活在一起的舅舅一家生活。

因为熟悉？因为不愿意去适应新家庭？

都不是。

经历了那么多，十月还是喜欢疼爱自己的舅妈，依恋自己的静宜，和自己像亲兄弟一样的静安，还有，依旧好吃懒做的舅舅。

隔了岁月的河流，风风雨雨以后，血缘的亲虽然是骨子里的，但是，那些共处的时光，美好和不美好的回忆，那些温暖，那些摩擦，才是日久生情。

这不是被拐儿童寻亲记，也不是悬疑推理小说，它就是一部让你在感动之余，更加珍惜那些烟火气十足的朴实的感情。

茫茫人海中，喧嚣尘世里，因为我走近了你，你靠近了我，日久生情，所以，我愿意和你在一起，用不完美的感情，抵御人世的寒冷。

愿世间那些和亲生父母阴差阳错分离的孩子，除了伤害，你能多一份爱，除了怨恨，你能多一份感激和珍惜。

那段孤独的青春

——读《红瓦黑瓦》有感

曹文轩先生的作品，我先读的《草房子》，然后是《青铜葵花》，《黑瓦红瓦》是第三部。

我以为还会是飘飞的芦苇，空旷的河床，寂静的平野，偶尔展翅飞过的水鸟……我以为还会是至纯至美的淳朴的人性，是诗情画意的背景中，心灵抛却一切繁杂后的宁静和纯美，即便是偶尔浮现的孤独，却也轻淡得如同湖面偶尔荡起的涟漪，如蓝天偶尔飘过的一丝乌云，仅仅是一瞬，然后便是平静清澈的湖面，悠悠白云渲染的蓝天。

然而，《红瓦黑瓦》和前两部不一样。

读后是一种浓浓的心伤。

赵一亮曾经是“我”又嫉妒又羡慕的偶像，不仅是他那一手娴熟的胡琴，更是他与生俱来的那种优越感和自信。我仍记得他五根又细又长又白的手指，在胡琴上是翻动翅膀的白鸽，在生活中是接过女孩子递过的红菱的细致与优雅。的确，在那个年代，物质上的贫瘠造成了大多数人精神上的粗糙，而赵一亮，却是那么醒目的自信与优雅。

可是，走出“红瓦房”后，那个精神上的贵族形象陡然塌了。

赵一亮因为那个被推荐上学的年代，走出红瓦房（油麻地的一所中学）后，再也没有机会走进黑瓦房（油麻地的高中）了。于是，不得已，走进社会的大潮，和其他的人一样，参加了轰轰烈烈的劳动改造。

看到赵一亮从最初的不甘——他仍要穿最干净的衣服，以最优雅的形象去参加田间劳动，可是，生活不是演戏，几次的体力劳动让他意识到，身体上的疲惫足以磨平你所有的干净和自信，直至你自愿从精神的贵族沦为平民，于是他干起了最初令自己不齿的染坊。后来，他慢慢摆正了心态，自己心甘情愿地子承父业，不再以自己的手指上永远是洗不掉的染色而敏感自卑时，他已经成为残酷生活的驯服者——他也曾有过挣扎，一个人孤独地拿起给他带来荣耀和自尊的胡琴，可生活的麻木销蚀了他的激情，他悲哀地发现，那双手，那双染过布的手，那双被染料染得找不到又细又白又长的五根手指的手，再也拉不出流畅的音乐。

特别是他屡次相亲失败，更挫没了他仅存的傲气，于是他对生活俯首称臣了——什么都不想了，还是精心经营自己的染坊，想象着怎样活下去吧。直至那一股熊熊烈火，烧尽了他苦心经营的染坊，他唯一的希望也被烈火烧尽了。这时候的赵一亮，在生活的残酷的冰冷的面孔下，完全成了生活的奴隶。

读到为了重新盖房不得不偷木头的赵一亮被曾经羡慕他的同学逮住的时候，读到赵一亮狼狈地被公安人员带走的时候，我觉得所有笼罩在四周的悲哀的雾气渐厚渐浓，直至变成雨滴，汇成滂沱大雨，将我淋透在生活残酷的天空下。

谁的青春没有激情和梦想？谁的青春不曾容光焕发？即使在物资匮乏的年代，也掩盖不了青春的熠熠光华。可是，那段青春，那段有过荣耀和梦想的青春，就这样在生命中如波光乍现，一闪，就逝去了。

生活是最强大的对手，我们不甘心和他讲和，可是屡次较量后，颓废地坐在地上的永远是我们。当我们一次次站起后，又一次次以失败的姿势倒下，最后我们就这样被他不动声色地击垮，不得不按照他的指令，变成了一个令自己陌生、心酸直至想掉泪的另一个自己。

啊，那个五指如白鸽翻飞在胡琴上的赵一亮，那个被染料染得看不出手指原色的赵一亮，那个再也拉不出流畅的胡琴声的赵一亮，那个心甘情愿做染坊老板的赵一亮，那个不顾自尊被迫偷木料的赵一亮……那不就是生活中的我们吗？

黑夜，凄风，冷雨，残荷，冷清的池塘，疯长的野草，受了惊吓的夜里浮在水面的鸭子……

或许，生活原本就有这样的一面，犹如我们的青春，神采飞扬、激情四射的背后，仍有无法掩藏的孤独。

那就快乐地守着我们的旧木盆吧

第一次读普希金的《渔夫和金鱼的故事》，我还是个不知天高地厚的黄毛丫头，自命清高的年龄，对这个老太婆嗤之以鼻：贪婪的人罪有应得，自作自受。

再读这篇童话，是有情饮水饱的年龄。觉得老太婆真是庸俗！你看，生活在蔚蓝的大海边，渔夫在海上打鱼，她在家洗衣做饭。执子之手，与子偕老，如此的岁月静好还有什么不知足？没有爱情，坐拥金山银山，有何用？

人到中年，已过不惑，再读这篇童话，忽然觉得这个老太婆如此熟悉。

一开始你真的只想他爱你就足够了。可是，爱得越深，你想要的越多。如若他平庸，你忍不住拿他和别人比，嫌房子不够大，车子不够好。不满堆积，终成鄙夷，一旦如此，也只有到此为止，各奔东西。

如若他功成名就，年少得意，你又怕他另有新欢，怕他抛弃你，各种作，各种束缚，捆绑，占有。

两败俱伤身心俱疲，真的失去的时候，你有没有忽然想起自己最初的愿望：我只要我们相爱就好。

知道自己初为人母后的那份喜悦和激动你记忆犹新吧？摸着越来越突出的腹部，喜悦与不安交织在一起，每一次去医院产检，你都在心里卑微地祈祷：上帝，我要的不多，只要一个健康的孩子！

然后呢？

不要输在起跑线上啊，要琴棋书画样样精通啊，要进入班级前多少名啊，要考一本啊，要考“双一流”啊……

你越来越焦虑，孩子的眉头越皱越紧。

看到那个少年疲惫不堪的背影，想起自己对他的“河东狮吼”，那一刻，有没有怀念某个时刻？你俯首，襁褓里那个刚睁开眼的小生命，朝你挥舞着小手。那一刻，你忍不住激动和喜悦：感谢上帝，他是一个多么健康的孩子啊！

为了让妻子儿女在这繁华的都市有立足之地，你白手起家，忍受了多少嘲讽和白眼，咽下了多少眼泪和委屈，终于在这个陌生冷漠的城市有了属于自己的房子。你以为一家人其乐融融的幸福生活就要开启。

可是公司规模越来越大，应酬越来越多，马不停蹄，殚精竭虑，卡上的那个数字越来越大。可是，夫妻之间的争吵越来越多，你回家的次数越来越少。

房子越来越大，车子越换越好，可是你为什么还是忍不住怀念以前？一家老小窝在租来的破房子里，粗茶淡饭，欢声笑语。

忽然不再鄙夷童话里的老太婆。在欲望的驱使下，我们都是她，贪婪无比，利令智昏。

童话的结尾是这样的：

老太婆依旧守在破旧的木屋旁，在破旧的木盆里洗衣服。

夕阳西下，海面平静，微咸的海风中，海鸟翻飞。

我忽然觉得这幅景象真美。

活了一万次的猫

有人说，《活了一万次的猫》这本绘本的购买者，以女性居多。

我想她们买回去，一定不是读给孩子听，是想要让家里的男人好好学学。

一只猫，无论是国王的宠物，还是魔术师的道具，无论是老太婆的陪伴者，还是小女孩的玩物，他从来没觉得自己活着多有意义。甚至对死了以后再复活也毫无兴趣，虽然他可以活一万次。

可是，因为他爱上了一只白猫，因为生了一大堆小猫，他一下子觉得生活充满了激情，觉得自己活得真幸福！

因为有爱啊。我爱你，我爱孩子们，我爱家。

所以，当白猫死去，他痛不欲生。

可是，即使再没有重活一次的机会，在他闭上双眼的那一刻，他也一定觉得，此生有爱，值。

有爱，活一次足矣。

好了，女人们把绘本拿回家，让男人们看，然后对不开窍的他们说："你以为整天在外陪这个领导吃饭，和那个朋友鬼混，有意思吗？即使活一万次，你也体会不到幸福的意义！你的悟性连一只猫都不如！"

何况，你再也没有重活的机会了呢？

亲爱的，你就不用看这本绘本了。你的悟性比猫强多了！

像个孩子一样去喜欢

今天和孩子们阅读的是《爷爷一定有办法》。

约瑟的爷爷给他买了一条漂亮的毯子。毯子旧了，妈妈要扔掉，约瑟不舍得，说："爷爷一定有办法！"于是，爷爷飞舞着剪刀，把旧毯子改成了一件漂亮的外套。

外套变小了，约瑟不舍得扔："爷爷一定有办法！"于是，爷爷把它变成了一件背心。

背心又小又旧还沾上了颜料，于是，爷爷把它变成了一条领带！约瑟戴上它，酷酷的。

领带小了旧了脏了，爷爷把它变成了手帕！

手帕变脏变旧，爷爷把它变成了一颗漂亮的纽扣！

可是，有一天，纽扣丢了……

为什么我读绘本《爷爷一定有办法》，读出的不仅是犹太人勤俭节约的美德传承，更多的是一种淡淡的忧伤呢？

每一个小孩子都曾经无条件地依赖过一个人：爸爸总是英勇无比，妈妈总是那么神奇，爷爷一定有办法，奶奶是个魔术师……

有一天，你长大了，你觉得爸爸真老土，妈妈真絮叨，爷爷奶奶是文物。

有一天，你成熟了，你觉得爸爸的话有道理，妈妈是世界上唯一无条件爱你的人，爷爷奶奶才是真正的智者。

约瑟越长越大，神奇的爷爷越来越老。有一天，纽扣不见了，神奇的爷爷，也会不见了。纽扣有找到的那天，可是爷爷，永远不见了。

有一天，你的纽扣不见了，你会不会悲恸到号啕大哭？抑或心如刀割却努力维持淡定如常？

夜深人静，你会不会突然想念孩提时代那个让你依赖的人？

下课后，李明锦悄悄地把一幅粘贴画贴在我手背上，石芮菡会着急地到处找我。

石芮菡总是说："我觉得你真漂亮！你怎么这么聪明！你小时候什么样子啊？"

李明锦悄悄问我："你怎么来的？"

我吓了一跳：我是谁，我从哪里来，我要到哪儿去。这三个问题得穷极我的一生去找寻答案。

我想了很久，小声问她："什么意思？"

她说："就是你怎么到这里当老师的！"

哦！这就好回答了！

好好学习，天天向上啊！

从厕所回来的孙晨又悄悄从背后抱住我，从开学第一天他就没放过我。

徐悦又从她喜欢的本子上撕了一张彩纸给我："song 老 shi，wo xi huan 你。"

你看，小孩子喜欢一个人，总是那么毫不掩饰，甚至毫无理由。

你还记得当你是个小孩子，你喜欢过的那个人吗？

我记得儿子刚上幼儿园的时候，喜欢班里一个活泼的女孩子，他们一起演话剧《白雪公主》，儿子演王子，她演巫婆——你看，真实的世界里，王子喜欢的未必就是公主。

演完后，儿子拿着本该送给公主的玫瑰花，送给了巫婆。

老师逗他：你为啥送她花？

儿子认真地说：玫瑰花代表爱情，我喜欢她！

巫婆急了：我不喜欢你！

儿子深沉地回应：我不管，反正我就是喜欢你！

看到眼前这个十八岁的青葱少年，想起这段往事，忍不住想笑。

孩子，你恐怕再也不敢这么霸道地“爱”一个人了吧？

即使喜欢，以你的性格，也会深藏不露。你甚至会考虑再三，怕狼怕虎，宁肯错过。

年少时喜欢一个人，真是诗意的童话。

看张德芬的《我们终将遇见爱与孤独》，只记住了女人要学会强大。你缺少安全感，就把它寄托在你爱的人身上，攥得越紧，丢失得越快。于是，你最容易受伤害。

要强大，要不依赖，要先爱自己再爱别人，要不抱希望就不会失望，要给心灵穿上盔甲……

对啊，你说得对。

可是，我真想做个孩子，像书中的约瑟那样去依赖，去喜欢，去毫无保留地爱。

你是特别的，你是最棒的

今天学的绘本是《你是特别的，你是最棒的》。

小孩子掉了一颗牙没关系。

盲人需要别人帮忙没关系。

大象长了与众不同的大鼻子没关系。

斑马的肤色和别人不一样没关系。

小男孩头上没头发没有关系。

兔子耳朵很大没有关系。

小男孩坐着轮椅没关系。

……

孩子们随着剧情，快乐地摇着手说：“没关系。”

因为绘本的结尾写道：“与众不同没有什么关系。你是特别的，你是重要的，只因为你就是你。”

我给孩子们解释了什么是“与众不同”：就是和别人不一样。

我问孩子们：你们有因为自己与众不同而产生的烦恼吗？

韩秉岐第一个举手，真出乎我的意料，他是那么优秀的孩子。

他说：“为什么我的眼睛那么小？”

“可是它并不影响你又帅又聪明啊？所以……”

韩秉岐笑着摇摇手：没关系。

张誉凡说：“我刚学跆拳道时感觉很难，学了几天还生病了。”

“可是你坚持下来了，而且现在学得很棒啊！所以……”

张誉凡腼腆地说：没关系。

高艺轩烦恼她的鼻子不够挺。“可是并不影响你是个漂亮的女孩子！”

石芮菡摸着小脸说“我有点胖。”“可是并不影响你是个可爱的孩子啊！”

靖博麟说下雨那天他们笑话自己的雨衣是粉色的。“可是并不影响遮雨啊！”

还有个拉仇恨的，刘家豪烦恼他每天吃肉怎么不长胖啊！

景垲衍说：“别人的哥哥姐姐那么好，我的哥哥姐姐那么凶！”

“可是并不代表他们内心不爱你啊！”

所以，我们一起说：没关系！

与众不同没有什么关系。我是特别的，我是重要的，因为我就是我！

这句话我教了孩子们好几遍，让他们每个人都要记在心里，告诉他们：当自己因为与众不同而烦恼时，今天背过的这句话就是灵丹妙药。

孩子们，不知道这碗心灵鸡汤能滋补到你多大。

当你看到分数知道它有高低之分的时候；

当你明白外貌有高矮胖瘦之别的时候；

当你知道大学有普通和双一流的差别的时候；

……

因为我小的时候没喝这样的鸡汤吗？我从小就敏感自卑，

总觉得自己不合群，不会讨老师喜欢，看见喜欢的男生躲得远远的。

长大后，仍旧在喧嚣时刻，倍感孤独。

心态最差的时候，恨不得做任何人，最不想做的就是自己。

亲爱的小孩们，鸡汤从来没有毒，关键看你能吸收多少。

与众不同没什么关系，我是特别的，我是重要的，因为我就是我。

这碗鸡汤我是不是喝得有点晚了？

孩子们，你们干了，我随意！

我和我的特长班

序言

学校倡导“生生有特长”，我看着别人的特长班，犯了愁：有吹拉弹唱的，有钩织编绘的，还有花样足球，特色跳绳，等等。

我会什么呢？我苦苦思索着。我喜欢唱歌，可微跑调；我喜欢跳舞，可惜是门口老太太们热衷的那种广场舞；我倒会跳绳和踢毽子，可惜没啥花样；我还会十字绣，可想到N年前暑假里那幅半成品，这样的耐性，我哪有底气为人师？

我会什么呢？我苦苦思索。刚从中学调到小学，我除了会分析如何做阅读题和怎样得高分，真的什么也不会了。

忽然，我眼前一亮：我有十好几年的中考经验，知道怎样更快地提高学生的阅读水平和写作能力，于是乎，这一亮，让我做了一个决定，一个犯了方向性错误的决定：我要成立“美文赏析班”，带领学生从积累和赏析美文做起，日积月累，必定能提高学生学习语文的兴趣和成绩。

欣欣然去教务处报上名，自此，我悲喜交加、酸甜苦辣的另一段职业生涯，拉开了序幕。

我的特长班之人在旅途

因为我来得晚，学校里基本上生生都有特长了，没有特长的，全都是被人挑剩下的，剩下的原因？你懂得。可悲的是，这挑剩的也不多了，三四五年级一共才十多个，学校里规定特长班每班不少于25个学生。凑不足一个班，我只好可怜兮兮地把目光投向刚刚和我同一天入校的一年级小朋友身上。

幸亏我下手早，一年级小朋友终于没被人全抢走，于是乎，东拼西凑，二年级三个男生，三年级一个很木讷的女生，一年级七女八男合计十五人。

我终于凑足了19个学生，耶！我的特长班就此正式成立。

第一节课，我领着我的弟子们去四楼我任教的班级上课，一字排开，19个年级各异、高矮不一的学生，队伍也算浩荡。可是，刚走到二楼，队伍就乱了套。高年级的嫌低年级的走得慢，一年级的刚入校，一脸茫然。任凭我声嘶力竭，他们还是你拥我挤，你吵我嚷，顿时，鬼哭狼嚎，乱成一片。

我立马崩溃了：不就是一字排开吗？一个一个排好，顺着楼梯走就是了，可指挥起来咋这么高难度呢？我在前面，后面的乱；我到后面，前面的乱；我在中间，两头的乱！“老师，他推我！”一个小女孩奶声奶气地告状。“老师，他踩我脚了！”“老师，他俩又并起来一起上楼。”……

经过艰难的“长途跋涉”，我们终于顺利到达四楼，这些孩子一进新教室，立刻把眼睛瞪大，环境一变，他们太新奇了！立刻由一窝蜂状作四散状，有的跑到讲台上，有的好奇地翻别人桌洞，有的竟然跑到墙报边，把我学生精心设计的手抄报撕了下来……我深为自己的无能惭愧！

好不容易让他们坐好，一小孩忽叫："老师，怎么不见杨子娟和赵晨刚了？"我一惊，忙问："他们跟着上楼了吗？""上了，在三楼的时候我还看见他俩了呢。"我慌忙叫班里保持安静，"可不准说话的！一定不要说话！高年级的维持秩序。我马上回来。"

我夺门而出，心里像揣个小鼓，在三楼和四楼的转角处，终于见到了两个神秘失踪的小孩：一对"金童玉女"正坐在地上，拿着小石子，玩得起劲呢。

忽然想起那个笑话：一只老母鸡领着 11 只鸡崽过马路，路过一个无井盖的下水道口，忽然两只鸡崽掉了进去，过了井盖，老母鸡回过头来数了数，继续前行。

哎，我也就是比她会数数而已。

我的神呀！你俩把我吓疯了。

回到班里，人声鼎沸，我都担心把楼顶吵掀起来——我们班可是顶楼啊。我环顾教室，那几个高年级的眉飞色舞，吵得正欢。我用黑板擦使劲地敲打办公桌："安静，保持安静！"

二三年级的几个终于安静下来，可有俩一年级的仍自顾自地玩，我走到两人面前，大声地朝他们喊："安静！"他俩立马噤了声，很无辜很惊恐地看着我，在他们不知所措的天真的目光下，我不禁为自己鲁莽打扰了他们而惭愧起来。

就这样，按住葫芦起来瓢，一节课，我仓皇奔波于这 19

个孩子之间，可万能的上帝，仍不能大方地赏我片刻安宁。

我的特长班之不会写字的老师

开始统计姓名。

一个小女孩怯生生地走到我面前。

“姓名？”

“李君蕊。”

“哪个‘君’？”

“李君蕊的君。”

噢，我道歉，人家才一年级呀，组词有点难。

很显然，“蕊”就是“李君蕊的蕊了”，我凭着直觉，为眼前这朵害羞的小花写下了她美丽的名字。

三年级的一个男生走过来，大声地报上他的姓名：“季风磊！”“哪个‘磊’”？他二话没说，夺过我手中的笔，很豪迈很熟练地写了三个分家的“石”。

“廖心。”我不想再问，刚写完，他就很大声地指着花名册说“不是这个字！”“那是哪个？”“从下面弯上来，再往这一弯……”这孩子像蜜蜂一样跳着舞和我解释，可惜我读了这么多年书，还没见过这么复杂的字。于是，猜测着在纸上重新写下“鑫”。“就是这个字。”他心满意足地转身走了。可我琢磨了半天，也看不出这个字还必须像蜜蜂跳“8”字舞那样，手脚齐用才能表意。又来一个。“哪个‘睿’？”他不耐烦地夺过我手中的笔，很轻蔑地看了我一眼，一边在花名册写下自己的大名，一边用很轻视的口吻说：“还当老师呢，你怎么那么多字不会写呢？”

我就是以这样的形象——连人家的姓名都不会写——定位在我的弟子心中。

就这样，一个识字不够多和一群要么啥都不懂要么啥都不会的学生，开始了我们漫长的“美文赏析”之旅。

我的特长班之难忘的第一课

终于可以上课了。

根据学情，我制订的教学计划很不贪心，我就是想和他们利用一节课学两首绝句：刘禹锡的《乌衣巷》和杜甫的《江畔独步寻花》。两首合计 56 个字。

可是这些大神再次刷新了我想象的极限！

一年级小朋友不懂什么叫齐读也就罢了，可是，张志浩和张浩都三年级了！我还得重新阐释什么叫跟读和齐读！

“跟读就是我读一句你们跟着读一句。乌衣巷，刘禹锡”

一片沉默。“怎么不读？”

“第一句你还没读！”

哦，我重新解释：“我停下来，就是你们要跟着读了。”

“朱雀桥边野草花。”稀稀疏疏的几个跟着读，有气无力，个人读个人的节奏。

好不容易领读完一遍，再让他们齐读，忽然就炸了锅：

“老师，朱什么边？”què，不怨孩子，他们才一年级，拼音字母还没学完呢。注音也白搭。

“老师，什么口？”

“巷口。”我耐心解答。

……

好不容易认识了每一个字，终于能齐读了。

一年级宝宝拖长了音，三年级同学懒得等。

只好再教读诗歌的节奏。

好不容易能稀稀拉拉参差不齐地齐读了。

下面就是自由读了。

张浩忽然大哭：“老师，张志浩打我！”

张志浩一脸蛮横，不服气地看着我。

“你为什么打他？”

“他骂我我就打他！”

“他为什么骂你？”

“我在他本子上画了个小乌龟……”

一个一年级的小女生指着同桌说：“老师，他不背，还光踢我凳子！”

“你为什么不背？”

“不喜欢背。”他怯怯地回答。

有个小男孩竟然躺在桌子底下了！四仰八叉，真是舒服！

“你起来！”

“我不！”

“为啥不？”

“躺着舒服！”

我气坏了！耐心用尽，我大声命令他站起来，到窗户边罚站。

刚转身，忽然听到他惊喜地喊道：在这里站着真好啊！外面看得真清楚啊！

……

铃声响起的时候，我们才学了一首《乌衣巷》，而且一个背过的也没有！

下课齐读吧，气势上得压人。

忽然又吵起来了！

“不是 qiǎo 是 què！”“老师说的 qiǎo！”

“我认识这个字，‘麻雀’的‘雀！’”

“‘麻雀’就是‘小家 qiǎo！’”

……

下课了，我悄悄问张志浩：“你们语文课上不跟读吗？”

他反倒很惊奇地看着我：“跟读啊，每节课都跟读！”

“可是为什么你们几个不会呢？”

“我不知道他们。反正我从来不跟着读。”他很不耐烦地回答。

“那你干啥？”

“想干啥干啥呗！”

我的特长班之“突然的自我”

正要上课的时候，中途“辍学”改学架子鼓的张志浩忽然哼着小调进来了。我很奇怪地问他：“你不是学架子鼓去了吗？怎么又回来了？”他一脸窘相地回答：“不学了！”我恍然大悟，长长地“哦”了一声，还未等他回答，其他的同学就哄堂大笑，笑声中还夹杂着几声高喊：“老师，他被开除了！”张志浩有些急，愤愤地辩解道：“我还不想学了呢！”我连忙说：“让我们以热烈的掌声欢迎张志浩归队！”稀疏的掌声响起来，我想有诚意的恐怕不多。

上课了，张志浩忽然站起来，大声地说：“老师，我想唱歌！”这孩子，太压抑了。我无限同情地和他商量：“咱下了课再唱，行吗？”“不行！”他态度明确，语气决绝。“那好吧，”我无奈地说，“欢迎张志浩为大家唱一首歌！”

张志浩昂首挺胸地走上讲台，大眼睛一眯，很深情地开唱：

“听见你说
朝阳起又落　晴雨难测
道路是脚步多
我已习惯　你突然间的自我
挥挥洒洒　将自然看通透……”

我一听，哟，唱的竟然是伍佰的《突然的自我》，我不禁对张志浩刮目相看，这小子，还挺怀旧，唱的竟然是 80 年代的经典老歌。当他唱到“我会紧紧地将你豪情放在心头，在寒冬时候就回忆你温柔”时，无限投入，小脑袋轻轻晃着，眼睛里柔情一片，我不禁跟着他小声地哼唱。他立马把脑袋转向我，很惊喜地看着我，大有知音难觅的意味，然后深情地和我对唱。

很显然，班里的同学对这首老歌不熟悉，对我俩的联袂演出也不感兴趣，所以当我给张志浩要掌声的时候，他们都很吝啬。

我连忙带头鼓掌，说："张志浩唱的伍佰的《突然的自我》，很好听，他唱得多深情啊！大家朗诵的时候就该这样。"张志浩很崇拜地对我说："你也会唱吗？""当然！我很喜欢伍佰呢。""噢，你也是他的粉丝？"容不得我解释，他就热情地向我发出邀请："那我们合唱这首歌好不好？"我连忙推辞，"我记不住歌词。""那你熟悉一下歌词，我们下一节课合唱。"

周五下午，我一进教室，意外地发现张志浩早早地来到班里，乖乖地坐在自己的位子上，我才忽然想起他约我联袂演出的事。糟了，我整天忙东忙西，把这孩子的邀请忘了。我故作镇定地走上讲台，心里祈祷："张志浩，你忘了吧，忘了吧……"我还未走到讲台中央，忽然听到张志浩响亮的声音："老师，我们合唱吧？"这一声好似晴天霹雳，彻底击碎了我逃避的念头。看来在劫难逃，我很不好意思地对他说："对不起，我没记住歌词。"他略有失望，我忽然想起班里的电脑刚好修好，就立马对他说："我让你听一遍正版的《突然的自我》怎样？""行！"他一脸惊喜。别的同学听说要听歌，也个个欢呼雀跃起来。

我开了机，立马搜了视频《突然的自我》，伍佰略带沙哑而又充满磁性的声音顿时把空旷的教室充盈起来，张志浩立马兴奋地，手舞足蹈地跟唱，把小头抬得，都快够着屋顶了，两只小手紧握拳头放在胸前，无比陶醉的样子，高潮的部分，他的声音响彻云霄！

台下的孩子们显然也受了他的影响，有几个也跟着他不成调地高声吼，怪吓人的，我不禁替隔壁的女生钩织班担心起来。

一曲唱完，很显然全班同学都意犹未尽，“老师，我们要听《大笑江湖》！”看他们表现出来的前所未有的精神劲，我还真不忍心回绝他们。“好！”我爽快地答应他们。“小沈阳唱的啊！”他们不放心地提醒我。

《大笑江湖》的前奏一响，他们立马就对我放了心，那个高兴劲啊！我真没法形容。

看着他们陶醉忘我的样子，我怎么也无法和他们平日上课的萎靡不振、闷闷不乐画上等号，此刻，他们的快乐是真实的；看着他们手舞足蹈的样子，我怎么也无法和他们课上的无可奈何、眉头紧锁的样子联系起来，此刻，他们的自信是真实的。

“江和湖波浪滔滔
看我浪迹多逍遥
谁最难受谁知道
天下第二也挺好……”

虽然我一向不喜欢小沈阳，可这歌唱得还真有道理。

是啊，有人的地方就有江湖啊。不可能人人成为江湖上的英雄侠客，可只要不祸国殃民、作恶多端，做个江湖上快乐的凡夫俗子，不也是一种乐事？毕竟，快乐才是生活的根本目的，或者说最高追求，难道不是吗？

我的特长班之最后一课

尽管道路曲折，可是一学期下来，除了一年级有四个小孩“辍学”（死活不来了……），我们15个人组成的美文诵读班竟也零零星星学了不少诗歌：内容囊括了古代诗歌和现代诗歌，形式多样：有男女分读，有领诵，还有齐诵。表现形式也多样：有读，还有唱——比如《明月几时有》《满江红》。

终于要展示了！地点定在三楼教研活动中心，于是，中午的时候，我把几个孩子叫到办公室，领着他们去认了一下表演地点，反复叮嘱他们：第三节课一定到这里集合。

第二节课一结束，我担心他们走惯了路线，又去老地方，再次叮嘱班里最大的学生张为佳：“我们兵分两路，你一下课就来教室门口等着，万一有人来，你就领着他们去三楼，我在三楼等大家。”

可是，尽管我布置得如此周密，本以为万无一失，可惜，我又错了！

等了半天，三楼只去了五个孩子，我着急地问：“不是让你们带着别人来吗？”二年级的张皓冉很委屈地说：“老师，张志浩不来了！说他没借着校服，不敢来。”“不来？还有他的领读呢。他在哪？” 郭子炯一脸诡异地说：“我猜张志浩躲在男厕所了，因为刚才我上厕所的时候，看见他买的零食了！”他一脸严肃，颇有大侦探的风范。“走！”李乐成大手一挥，三个男生在我未反应过来之前，已箭一般地冲向男厕所。

“老师，我知道王凯西在哪里，他说不敢来，藏起来了！”一年级的张成发说。

“那你知道他藏在哪里了吗？”

“我猜他藏到操场了。”

天！那范围可广了。我正犹豫，他已经跑出去了，李金龙尾随其上。

完了，只剩下两个了！

剩下的王耀和王皓仍是面无表情，颇为淡定。我的心里却更慌，那个教室等着的张为佳呢？怎么还没来啊！

我从门口焦急地往外看，正迎上前来给我们测试的校领导小组。张主任很疑惑地看了我们师生三人一眼，说：“不会就这么些吧？”

我连忙语无伦次地解释：“不会，不会，有的没找到教室，有的去找人了……”领导们一脸茫然，我想他们一定听不懂我在说什么。刘主任明白过来，用他充满磁性的声音无限同情地安慰我：“别慌，慢慢找！”

领导们先去检查其他特长组了，我正懊恼，忽然看见张为佳从四楼下来，一看他孤家寡人，我就明白了结果。他气喘吁吁地向我汇报：“老师，一个也没发现。”

一会儿，三个寻找张志浩的“干警”也打道回府，一个个上气不接下气，可见找得尽心尽力，无一人偷懒。刚要汇报，我立马拦住他们：“无须汇报，你们几个先喘口气，休息一会儿。”说什么呢，去时仨，回来时仨。

那个很“自我”的，声音很洪亮的，朗诵很动情的张志浩同学，最终以逃课的方式给我撂了挑子，我只好临时找人顶替他的朗诵角色。

正担心那两个去操场的，他们已经一脸沮丧地回来了。

待他们平静下来，我数了数，还是那十个。

我们人全了，领导还没来。于是，我打开课件，重新彩排一遍。

虽是人少了点，可我相信，留下的都是精英，无论是胆识还是学识。

领导小组终于转回来了。我立马走上讲台，“孩子们，表演正式开始！”

我又犯了一个错，这群孩子本来就胆小，我这样一郑重其事，他们更紧张了。

于是，我们先表演了《满江红》，又表演了《纸船》。孩子们紧张得都背混了。

我难过极了，委屈地说：平时不是背得挺好吗？

张主任无限同情地看着我说：“没事，你先把课件返回到目录，让领导们从目录里抽查一个吧。”

领导从目录上点了最容易的《劝学》，他们显然已经进入状态，齐刷刷地背下来！

我连忙说：“领导，您再点个难点儿的！”

领导半信半疑地点了首岳飞的《满江红》。

教室里顿时响起了气壮山河的声音。

领导检查完毕，王校长一直好奇地看着我的弟子们。终于他忍不住，好奇地问我：“你不是教六年级吗？怎么还带他们几个？”

我立马苦笑着解释："我不是来晚了吗，没人了，就剩这些了。"

"噢。"王校长恍然大悟，"我可认识他们，我给他们上过课！"看着王校长指着前排几个忍住不流鼻涕的男生，我连忙补充："这几个是我们班的'尖子生'。"王校长哈哈大笑，拍拍他们几个的肩膀，勉励他们说："你们表现很积极，要加油啊。"还特别指了指郭子炯，"要注意个人卫生啊。"郭子炯连忙把溜到嘴边要"过河"的鼻涕猛地吸回去，大声地说："是！"

领导小组一走，我如释重负，回头看我的弟子，正背得起劲。原来我们精心排练的几个，因为领导没点，没机会展示，他们意犹未尽，正分角色诵读，沉浸在自我陶醉中呢。

你看，我们的最后一课绝不逊于第一课吧，一样的轰轰烈烈。

我们的特长班——经典诗文诵读课终于结束了。回想这一路走来，点点滴滴浮上心头，喜怒哀乐，一应俱全，感觉就是一部连续剧，此刻剧终，却让人回味无穷。

其实，这也是我一段值得珍惜的人生经历，就像深奥的人生，很难用悲剧或者喜剧来定义，我相信，心态决定悲喜。

看着我仅存的10个弟子，我竟有些难舍难分的感觉，我拥抱了前排的几个，包括个人卫生不佳的郭子炯，然后说："孩子们，结束了，你们可以回去了。"

他们很惊讶地看着我，说"还是等背完了吧？"我笑着点点头。于是他们兴奋而又投入地摇头晃脑背诵诗歌，看着几个邋遢的男孩表情温柔地诵读：

天这样蓝　树这样绿
生活原来可以
这样的安宁和美丽

我的心里有阳光掠过，竟也天蓝树绿般的安宁。

再见，我的美文赏析班，再见，我的弟子们。

即使见了玫瑰园，希望你最爱的还是你的玫瑰花

学习了课文《比尾巴》，我就用文中的句式和孩子们对话。

“在你家，谁的个子高，谁的个子矮？谁的头发长，谁的头发短？谁的脾气好，谁的脾气坏……”他们小手举得高高的，兴致盎然，回答得不亦乐乎。插播一个小花絮，有的孩子说，家里爸爸的脾气坏，妈妈的脾气也不好！真可怜这个生活在“水深火热”中的小孩啊！

我忽然很八卦。

前一阵子听他们班主任哭笑不得地说，这群小屁孩课下竟然在讨论：谁和谁结婚。另一个班主任也补充：他们班竟然有小孩来打小报告：谁和谁早恋！

我们捧腹大笑，一年级啊！娃，的确早了些啊！

于是我话题一转：在我们班，哪个女生最漂亮，哪个男生最帅气？

第一个抢着回答的是个女生，她脱口而出：女生最漂亮的是月月，男生最帅的是豪豪。

后面几个紧跟着回答，态度一样坦荡，答案大致相同。

看来小孩子的审美的确很一致。

轮到豪豪回答时——就是很多孩子认为的最帅的男生，对第一个问题他大笑，说：“Oh，my god！不好回答啊！”

我故意逗他："你就实事求是地说就行。"

他还是大笑："太尴尬了啊！"

然后他机灵地转移了话题："男生里面涵涵最帅！"答案当然不是他自己。

女生里面呢？他只是大笑，拒绝回答。

我心里偷笑不止，果然是智商高的小孩有心思！

你们喜欢的都是最漂亮、最帅的那个人吗？

小脑袋捣蒜一样点头。

于是，我就给他们讲了《小王子》里面的情节：小王子的星球上有一株玫瑰花，小王子很喜欢她，每天给她浇水，捉虫，施肥。有一天，小王子到了另一个星球，发现了一大片玫瑰园，他发现，里面任何一株玫瑰花都比他那株漂亮。可是，他也发现，即使如此，他最爱的还是他的玫瑰花。因为在他照顾玫瑰花的过程中，他们之间产生的感情，谁也无法替代。所以，如果你喜欢某个人，不仅仅是因为她漂亮或者他帅，而是因为你们在一起相处很长时间，你很了解她（他），她（他）有优点，也有缺点，可是你还是很喜欢她（他）。那种喜欢才是真正的喜欢。如果有人不是因为你的外表喜欢你，那才是深刻长久的喜欢。

我不知道一年级的小娃娃能否听懂如此深奥的爱情哲学。

琪琪站起来："我觉得最漂亮的女生是敏敏姐姐，因为她每天陪我做作业，我最爱她。"

豪豪站起来："我觉得男生里面勇勇最帅！因为他那么聪明！每次我遇到不会的题他都给我讲，我很喜欢和他在一起。"

“我妈妈最漂亮，虽然她不爱打扮，可是她很辛苦，很爱我和弟弟，我爱她。”

“我爸爸挣钱不多，没法给我买遥控汽车，可是，我还是最爱他。他最帅！”

我很感动。亲爱的小孩，我们都懂得爱的含义：不是因为你最漂亮、帅气，也不是因为你哪方面最出色，爱你，是因为我们相处，有温暖和关心，彼此付出，彼此珍惜，久处不厌。

下课了，麟走到我面前，很认真地说：“我认为我们班女生里面你最漂亮，男生里面豪豪最帅！”

哇！你如此高的情商，如此独特、深刻、高雅、超凡脱俗的审美，让我大笑之余，不得不严肃地在心里警告自己：你，别，当，真，啊！

麟有点发窘，红着脸说：“真的啊，我就觉得喜欢你，你就最漂亮。”

我抱住他的小脑袋，轻声说：“我信，谢谢你。”

我真的相信在他们眼里，我是漂亮的。

上次赵文昊和我玩一年级孩子最恐怖的游戏：拼读。

他读拼音我说汉字。

nǐ 你

shì 是

zuì 最

hǎo 好

de 的

lǎo 老

shī 师

……

我有一瞬间，被感动催红了眼眶。

刘建林今天早上送了我一颗能粘的小珠子，我说“谢谢”以后，他又送了我一颗。下课后，又要送我一颗，我笑着说：“你留着吧！”他说：“我攒了一纸盒呢！”

总有小女孩下课后送我一幅画或者折叠的手工作品，或者拿着自己喜欢的印章非要印在我的手背上。

你们这样做，也不能阻止我在你们上课乱说话、小动作不断时，像狼外婆一样凶！

话虽如此，可是我还是在心里说：

谢谢你们，如此单纯地爱着我，让我甘心用爱加倍奉还，乐此不疲，欲罢不能。

趣记那些优质课上的小意外

凡是上过优质课的教师都知道，备课的时候预设是多么的重要：按照大多数人的思路预设，以便顺利地引导他们进行下一个环节的教学。

可是，再理想的教学设计，也无法抵御现实版课堂上小意外的打击。本人搜集了几则难忘的优质课上的小意外，供大家一笑。

语文优质课评选中，我的一位同事执教人教版小学语文六年级上册的《少年闰土》一课。在讲到课文中的“啊！闰土的心里有无穷无尽的稀奇的事，都是我往常的朋友所不知道的。他们都和我一样只看见院子里高墙上的四角的天空”这一段时，老师就问：“如果让你在闰土和鲁迅之间选择，你会选择谁的生活方式？”学生们几乎异口同声地喊道：“闰土！”其实就六年级孩子的本性，他们整天过着鲁迅小时候的生活，当然喜欢无忧无虑的闰土生活，老师早就准备好了下面要讲的内容——鲁迅在《故乡》中写的“二十年后再见闰土”的那一段，老师还想好心地提醒同学们：学习虽然枯燥，可造就了鲁迅这位文学大师，由此可见，从长远的角度看，学习还是利大于弊的。可是，那位老师见到这幅理想的预设图，可能高兴过了头，就故意装出很失望的样子，穷追不舍：“难道没有一个同学喜欢鲁迅的生活方式吗？”这时，一只小手很犹豫地举了起来，老师也很意外，就叫他站起来回答，他起初声音很低，老师们都没听清楚，同事就大声地鼓励他“高声地、自信地说出你的想法！”于是乎，小朋友就很大声地回答“我喜欢鲁迅的生活，因为他虽然整天读书，很没意思，可是，他毕竟是生活在地主家庭啊，家里一定很有钱的！”老师们顿时石化。面对这位现实派大师的回答，同事一时间没反应过来……

还有一次参加小学的思想品德优质课评选。执教者讲的是《邻里关系》。

老师问：“你能说出一件和你邻居很友好的事情吗？”

一位小女生很勇敢地举起手，说：“有一次我和妈妈去看电影，正好在影院里碰见邻居李阿姨和她的女儿，李阿姨把她的一桶爆米花送给了我，妈妈立即给了她女儿一包薯条。”老师很高兴，表扬了她以后，就顺便问道：“这就是什么的快乐？”孩子很大声地回答：“交换的快乐！”老师一愣，继续引导：“还有没有比这更合适的说法？”孩子愣住了。也难怪，教师想引导她说“分享的快乐”。可是这种情况，好像的确是“交换”。

还有一次，是听品德与生活优质课评选。老师执教的课题是《我学会了》。

快结束的时候，教师播放了一段视频：两个小男孩，一个利用双休日和朋友踢足球、打游戏，另一个却在家帮助父母扫地、拖地，还叠衣服。老师就问“你喜欢哪个小朋友？”这是想继续深化这节课学的“我学会了帮助家里做家务”。可是一个小男孩的回答却很让我们目瞪口呆：“我喜欢第一个小男孩，因为他团结同学，所以有人和他玩，第二个小孩一定很不团结同学，所以星期天都没人找他玩！”

其实，这些真实又富有戏剧性的小意外，恰恰是我们真实生活的反映。毕竟课堂不是真空，如若出现了这些小意外，的确有些让人措手不及，不过也正是展示教师课堂教育机智的机会，这才是优质课背后的积淀。

有人说，生活是一架钢琴，白键是喜，黑键是悲，悲喜交加才能演奏出优美的乐曲。课堂教学也是，有理想的预设，也有美丽的小意外，只有我们正确引导好学生，才能让一切步入正轨，这也正是我们教育者的责任。

珍贵的礼物

那是一次全县的英语优质课评选，在我们学校举行，上午第三节用的是我们班。

第二节课刚下课，我催促学生早做好上课的准备，把学生带到了上课地点。

上课的是一位清秀的女老师。因为学科不同，我担心自己又要听天书，就悄悄回办公室了。

第三节课后，我看到学生很安静地排着队回到了教室，女老师跟在后面，一脸的笑意，让人感觉很亲近。

她走到我的面前，把手里的一个塑料兜递给我，笑着向我解释："上课的时候，我们举行有奖竞答，我让课代表做好了记录，上课的时候没来得及分，放到您这里，下课后麻烦课代表替我分下去吧。"

我接过她手里的兜，很是感动。

其实，我见过很多参加优质课的老师，为了调动学生发言的积极性，活跃课堂气氛，都曾经用小奖品的形式"诱惑"过学生，一位我认识的老师也在课上采用小组竞争的形式，许诺"优胜小组有奖品"，可是一直到我们离开，也没见到什么奖品，我问他，他笑着说："哄他们玩的，反正咱讲完课就走了。"

讲完课就走了，只要你们热心积极地在我的课上表现，衬托出我授课的水平，就大功告成，至于尊重和诚信，哪有我比赛的名次重要。

有这样心态的老师，也一定不止一个吧？

什么叫优质课？我觉得除了比教师授课的水平，他们为人师表的魅力更为重要。当我们走上讲台，在学生眼里，我们是神圣的榜样。我想，即使在得最高奖项的那节课上，老师传授的知识学生也不会记一辈子，可课上老师表现出来的对他们的尊重、诚实守信，这些美德才是带给他们的无形的财富，才会潜移默化地影响他们一辈子。

我又想起初入师范院校看到的那句话：教师无小事，处处为楷模。

那位清秀的英语老师，我相信你的课一定是优质的课，你给孩子留下的那些小礼品，是送给他们的最宝贵的礼物。

做一支有思想的芦苇

我记得我很尊敬的一位前辈告诉我，做教师，别只做一个教书匠，要学会思考，低头走路，更要抬头思考，找准方向。一位同人也曾说过，要做一个有个性有特色的老师。

这些观点对我的成长都有影响。所以，我经常在教学途中思考：哪些做法有价值，哪些做法只是流于形式，孩子到底需要怎样的教育内容和形式，哪些地方我有疑惑，有些想法觉得想得有了头绪，就整理成文。

我喜欢读书，深深感谢读书带给我的收获，我愿意把这个让人受益终身的好习惯传给我的学生们，所以，我一直提倡孩子们读书，并努力培养孩子们良好的读书习惯，教他们读好书，怎样读书。因此我特别努力地去做学校提倡的“师生同读一本书”活动，我精心挑选阅读书目，和学生一起读，为了教会孩子们做有价值的记录，我以身作责，教他们怎样做有价值的批注，怎样做有营养的读书笔记，仅读书笔记的做法，我就教给他们五六种。我相信这对他们以后的读书之路有帮助。为了让学生们能坚持阅读，我经常在读完几个章节后就和他们交流看法，我抛砖，让他们有继续探讨的欲望；我抛玉，让他们有读完的欲望。读完整部小说，我一定和他们开一次长长的读书交流会，有时候三节语文课都不够。我相信在我的引领下，他们的认识会更深刻，读书质量会更高。

我重视一个孩子身上的品性甚于成绩，所以，我在教学中特别注意对孩子品德教育的渗透，一篇美文，一次考试中的课外阅读题，我都充分利用好语文学习资源，向孩子渗透一些美好的品质和习惯。

我讲《匆匆》，补充朱自清宁肯饿死不食美国救济粮的故事，读文读人，我们应该学他的气节。

我讲《桃花心木》，推荐了好几篇林清玄的美文，我们一起诵读《开花的树》，我相信这些美好的诗句会向他们传递一种健康的情感教育：即使懵懂，绝不肮脏。

我讲《北京的春节》，教孩子们学会欣赏朴素的语言，在作文中宁肯说大白话，也不说那些朦胧到自己也不懂的诗歌语言。

我讲《十六年前的回忆》，讲到李大钊受刑，不能自已，几次哽咽，我相信这些美好的情感——对伟大的尊崇、仰慕，一定会让孩子们铭刻在心。我在课上和孩子们交流——让人奋不顾身的，从来不是功名利禄，而是信仰。我希望我的孩子们做有信仰的人，那是你的为人原则。

我讲《一夜的工作》，给学生们补充了大量周恩来总理的事迹，推荐他们阅读了梁衡的《大有大无周恩来》，我教会孩子铭记和感恩，我们不该做遗忘的中国人，记住历史，记住历史上那些闪光的名字，这是我们的精神之钙，会强大我们的力量，壮大我们的民族。这不是空话，正因为相信，我才一直在做。

……

我相信，教语文，更要肩负育人的重任。我们要尽己所能地去培养人，即使我们的教育对象是不到五十个孩子，但我们必须做，坚持做。

写完这篇随笔，我走出办公室，迎面看到陶行知的名言：捧着一颗心来，不带半根草去。每一次与它相遇，我都会受到很大的震撼。

我们爱我们的职业，我们爱我们的祖国，即使有时候抱怨，可我们从没想过逃离。

我们仅是老师，做成的可能很少；可正因为我们是教师，能做的却也很多。

我想起法国思想家帕斯卡尔的那句名言："人是一支有思想的芦苇。"是的，人的生命如同芦苇一样脆弱，但是与芦苇不同的就是人有内在的思想。

让我们努力去做一支支有思想的芦苇：有立场，有态度，有行动。

我们一直在努力！

虽是一朵茉莉开

你诵读的声音，真好听

有次偶然听到一位同行提到一个软件：为你诵读。我下载以后，尝试着诵读，发现这个软件真神奇！背景音乐的衬托，软件的修饰，让我的声音一下子有了魅力，我的诵读竟然也像模像样——以前诵读可是我的软肋。

于是，我兴冲冲地诵读了几首散文，从此一发不可收拾地爱上这个软件。

有一次语文课上，我听到班里一个男生磕磕绊绊地读一篇马上就要学完的课文，我忽然意识到孩子们朗读能力的欠缺！平时一节课上，只有几个爱读的孩子乐于展示，参与朗读的孩子数量少，我给他们诵读的时间也少，而且形式单一，对诵读有兴趣的孩子更少。

于是我想到了这个软件。

那一天正好学完《一夜的工作》，我用手机把自己诵读的诗歌《周总理，你在哪里》在班里播放给他们听。因为对周总理的爱戴，因为配乐的渲染，我把自己的感动用诵读的形式表现得淋漓尽致。他们听得专注、感动。趁热打铁，我把这款软件推荐给他们，并且在班里成立了一个“我爱诵读”的 QQ 群，学生自愿参加，每晚在群里上传一首自己的诵读作品，内容不限。

孩子们最初热情高涨，后来我见他们新鲜劲过去了，就把诵读的内容做了改进：比如可以是当天学过的语文课文中的一段，也可以是晨诵的诗歌，还可以是自己得意的习作，还可以和家长合作诵读……

这个群里的诵读，从未间断，不管是假期还是周末，总有孩子坚持打卡。我让人专门负责统计，给那些一直坚持的学生发了奖状：最美朗读者。

令我感动的是班里的马长昊和孙怡同，这俩孩子的语文成绩倒数，在课上一直是路人甲，甚至交作业也得看他们的心情，可是，阅读却被他们一直坚持下来！除了与我在班里经常有意识地表扬他们有关，更多的原因可能是他们真的爱上了诵读，他们在诵读中，收获了同学们的点赞，老师的送花，家长们的表扬，等等，总之，我相信，诵读成了他们的兴趣。

孩子们，我爱你们的声音，再动听的配乐在你们虽稚气但深情的诵读中，都黯然失色，爱上发自你内心的声音吧，那是你对生活、对文字的一种独特的爱。

让阅读带我们飞翔

因为我爱阅读的缘故吧，班里有一多半学生爱上了读书，每节课书桌上都摆着三四本比较有阅读价值的好书：金秀爱上了白落梅，晓源爱上了丁立梅，昭涵和我一样喜欢严歌苓，宇航的书桌上摆着梁衡的《把栏杆拍遍》，鑫宇喜欢的都是外国小说：《知更鸟》《萤火虫小巷》《岛上书店》等畅销书籍。

就连最捣蛋的汉松，桌子上都常年摆着沈石溪的动物小说。有一次上课，我悄悄拍下了几张“最美书桌”：狭窄的桌子上，有三本以上课外书放在桌子一角的有十一二个同学。拍完，我在班里公布了这些“最美书桌”，为他们热爱读书、无时无刻不读书的精神点赞。

从那以后，班里爱看书的人越来越多，班里的书籍越来越多。于是我就建议他们摆在书橱上，既节省了桌子上的空间，又方便他们私人之间借阅和交流。

如果我大言不惭地揽功劳的话，这种现象与我平时爱读书、倡导读书的一言一行有关。我本人爱看书，每当看到好的书籍，或者是好的文章，我就在班里分享，比如我喜欢海子的诗，我就把他的诗歌读给孩子们听，我喜欢三毛，就给大家介绍她的经历。我喜欢徐志摩林徽因语言的华丽柔美，我喜欢杨绛语言的朴实，喜欢梁衡深入的思考，喜欢林清玄的“一叶一世界，一花一菩提”……每当我兴趣盎然地给他们推荐书的时候，他们闪闪发光的眼睛里充满了渴望和向往。所以，过不了几天，我推荐的这些优秀书籍都会成为他们的“座上客”。

当然，他们在自由阅读的同时，需要交流和提升。于是我们班的读书交流课格外随性：

可以课前推荐：“我爱读的书”。

可以师生同读专题交流：“宋老师说三国”。

可以申请自己的读书专栏讲座：“你听，我说”。

可以阅读指导：“如何深入阅读一本书”。

我一直坚信“爱读书的孩子不会变坏”，我也坚定了我的读书之旅：我的读书任务艰巨，不仅是为了自我的兴趣，还像启明星一样，肩负着指引的重任。

让写作带我们飞得更高

如果说读书是一种精神食粮的输入，那么写作就成为一种精神上的必然输出。

我喜欢不带功利性的写作，我不愿意我的学生因为要提高作文分数，因为要学一些写作技巧而写作，写作应该是一种精神上的放松，甚至应该成为一种精神上的必须：我爱写作，这是我的一种生活方式。

所以，我们班的“我爱写作群”就在我的发动下成立了：第一要素是喜欢写作，第二要素是自愿参加，第三要素是让写作成为生活的必需——每周至少有500字数量的写作，内容题材都不限，只要求是记录生活，表达真情实感。

原计划限定报名人数：只要15个，一则因为人太多我不好管理，二则觉得真心喜欢写作的也就差不多这么多人。出乎意料的是报名的有20个。

“其身正，不令则从”，我每周都会在这个20个人组成的QQ群里上传我的随笔，每周至少三篇，总字数不少于2000。

从开始的我检查监督，到现在我完全放手，从成立之初到现在，近半年的时间，非但无一人完不成任务，而且又有几个同学申请加入。队伍壮大了，写作的形式也高大上了：因为我用的是简书，所以我们班有七八个同学也用简书写作，看到他们的文字配着应景的图片，在简书上竟然是美丽的风景。他们看我的随笔，点赞点评，我看他们的文章，友情回馈点赞点评，其乐融融，吸引了更多的同学用简书写作。

为了给他们提供写作素材，培养他们观察生活的习惯，我还利用双休日领着他们去县城影剧院的那条街欣赏金黄的银杏叶。林峰的家长还配合我，陪我带队，孩子们叽叽喳喳，指着银杏叶富有诗意地描述，在外人看来是不是很发神经？可我笑眯眯的，觉得这幅图景真美丽！

我们还去了人工湖，站在湖边，看暮色四合，光线渐渐变暗，秋天的人工湖就这么恬淡、与世无争，泛着粼粼波光，随着光线慢慢黯淡。

我不知道那些安静的孩子是否像我一样，心境平和，什么都不想，只觉得站着，看着，大脑放空，就挺好。

读书和写作对语文的重要性我不想说，或者说我心里拒绝那样功利化地给自己穿靴戴帽，我只是觉得，捧一本书静静阅读，有机会让心灵如白纸一样纯洁的孩子去接触广阔的世界，看的是别人的故事，滋养的是自己的心灵。我愿意让他们爱上一支钢笔，爱上钢笔在精美的本子上运行的轨迹，记录生活，热爱生活，让写作成为一种必不可少的生活方式，如我现在的感觉一样，记录琐碎，记录平凡，记录平常生活中那些小确幸，记录美好，遵循着美好心灵的指引，去更好地生活。

合上岁月这本书，反省这逝去的光阴，里面有故事，当然，还伴随着焦躁、不满、恨铁不成钢、絮叨、“河东狮吼”，还有很多我未完成的心愿和计划：比如我想领着他们搞一次大型的诵读展示会，无论是室内的还是室外的。我想搞一次正规的亲子阅读交流会，我还想把他们的作品打印成书，我还不知道如何唤醒那些麻木到不爱阅读不爱写作甚至对生活都无动于衷的孩子，我还没有更好的沟通方法让那几个抵触我“搞花样”的家长理解我、接纳我、配合我……

没有缺憾哪有生活？唯有缺憾，才是真实的生活。我知道这就是我的真实的职业生涯，有我的努力，有那些看得到的小幸福，还有一些看不到的小失落。

那天晚上，忽然闻到一阵奇异的花香：浓烈但不刺鼻，如此熟悉的味道，不用看我就知道：阳台上那棵孱弱的茉莉开花了。

它总是给我出乎意料的惊喜，我一度以为它要死了——用这种形式来报复我对它的忽视。

可是，它总是用它的开花来默默证实它的存在，或者，它不屑于证明什么，这就是它存在的一种方式。

我走到阳台，带着无限敬意瞻仰那一朵傲然绽放的小白花：只是一朵茉莉开，可是香味满天涯。

仔细看，有好几个花骨朵呢，含苞待放，散发着幽幽香气。

花香无须多。一朵茉莉满室香，不是也引得很多花苞要竞相开放？

无问西东，只问自由，只问盛放，只问深情，只问初心，只问敢勇，做好自己吧。

我爱读书，我爱写作，我爱领着一群小鸟，在校园这方净土，心怀理想，自由飞翔。

爱的旅途

爱是世间最美的语言，爱是生命闪光的底色，我相信教育的本质是唤醒爱，我愿意领着一群孩子，在他们懵懂的童年时光里，踏上一条爱的旅途，去理解爱，感受爱，奉献爱。

——题记

让我们一起享受春天

春天已经悄悄走进了校园：迎春花儿一片嫩黄，冬青树又泛新芽，玉兰花也迫不及待地捧出了花骨朵。

可是，整天忙于上课和写作业的孩子们，似乎还是一脸的麻木。于是，我的作文课上，我一声令下，孩子们在一片惊喜中欢呼着跑向校园，寻找春色。

偌大的校园一片寂静，远处操场上有一些打球的身影，楼上传来朗朗的读书声。

“老师，快来看，好美的玉兰花！”几个小女生惊呼道。

我走过去，看着枯枝上冒出几个红色的硕大的花骨朵，忍不住用手小心地触摸了这硕大的花骨朵，花瓣的质感传给我一阵惊喜，春天来了，花儿都开了。

“老师，这朵才漂亮，快用手机照下来！”原来是一朵傲然绽放的白玉兰，花瓣完全舒展，厚厚的花瓣充满了生命的质感，里面嫩黄的花蕊一览无余。我拿出手机，把这朵不惧严寒独自开的玉兰永久地定格下来。

“老师，你闻闻，可香了！”可不是，我刚凑过去，一阵幽香沁人心脾，我忍不住深深吸了一口，夸张地说：“果真香啊！”一阵嬉笑中，一个个小脑瓜也凑上去，贪婪地吸着香气。

有个小女生沉浸其中，似乎吸不够，陶醉的样子甚是可爱。

路南边，一簇簇嫩黄的迎春花，透出一片生机。四五个小女生安静地坐在那片迎春花下，每人拿个本子，似乎在画着什么。安静的背影，在一片娇嫩的黄色的映衬下，构成一幅充满诗意的画。

“老师，我发现了一棵丁香！”小男生从老远跑过来，一脸的惊喜，似乎发现了一个大秘密。

我跟着他来到墙角，果然有棵小树，小小的绿叶闪着光，旁边的告示牌上写着：丁香树。可惜没开花，我不禁想象着诗人笔下和歌曲中吟唱的那些丁香花一样的姑娘，花开的时候，我一定要一睹丁香花的风采。

丁香花旁边还有一排紫荆花，早已冒出了一个个紫色的花苞，在阳光下，密密麻麻的花苞格外显眼，恍若冬天的梅花。

“老师，那里有棵玉兰树，花开得可灿烂了，给我们合张影吧！”

灿烂的玉兰花旁，一个个横竖都是“二”的造型，一张张充满童真和幸福的笑脸被我留下来，多少年以后，他们长大成人，不知道看见这朵朵灿烂的玉兰花和张张灿烂的笑脸，会不会有物是人非的感慨。

叽叽喳喳，总要求我给他们合个影，蹦蹦跳跳，不小心踩了草坪，惊叫声吓得麻雀四处飞……寂静的校园会不会有点喧闹？我一边担心着，一边又忍不住地微笑：春天再美，也不敌青春年少，满园春色，美不过如花少年。

珍惜吧，少年，让我们一起享受春天！

爱是世界上最结实的胶水

只有当孩子心怀感恩的时候，才会体察到来自周围的爱。

我要做的就是时刻唤醒孩子们沉睡的心灵，让他们用感恩的心去体会一切“理所当然”，学会感激，学会珍惜，学会成全。

读完陈丹燕的小说《我的妈妈是精灵》以后，我们在班里上了一堂主题交流课：爱。

有的孩子说，我从书中读出了母爱和父爱。精灵妈妈和爸爸多么爱她的女儿啊！他们怕离婚伤害到女儿，就一直拖，在他们看来，女儿的幸福才是最主要的。

我继续引导他们：是不是爸爸妈妈不离婚就是对女儿的爱，反过来就是伤害呢？

有的孩子立即反驳：不是。爸爸为了不让“我“伤心，决定不和妈妈离婚了。可是，爸爸多痛苦啊！他忍不住拿起小说，给大家读起来：“他的脸上有两条很深的皱纹，从鼻子那一直伸到嘴巴……”他声情并茂的朗读让孩子们陷入沉思。

我继续问：为了让孩子不伤心，爸爸和妈妈违背了自己的意愿，其实，他们是用自己的痛苦来和女儿的幸福做交换。

陈淼淼是怎么做的？

有个女生站起来说：陈淼淼终于想通了。她为了让爸爸和妈妈寻找到各自的幸福和归宿，同意他们离婚。

班里有几个单亲家庭的孩子，也有几个父母之间感情有问题的孩子。

我轻轻地问：如果这样的事情发生在你们身上，你们会怎样处理？

我觉得这个问题有点残酷，可是成长哪里能逃得过生活为他们设置的障碍？只有正确地面对这些障碍，用最好的方式越过这些障碍，那才是真正的成长。

一个女生缓缓地站起来，低沉的语气压抑不住悲伤：我会成全他们。因为我知道他们在一起不幸福，与其两个人痛苦，不如各自寻找自己的幸福，为了他们，我愿意承担那份痛苦。

我很感动。这个女孩子家庭不幸福，可是，她如此成熟地理解了爱的含义。

后来，有个单亲家庭的孩子在日记里写道："妈妈，我再也不恨你。我愿意你幸福。"

除了这个话题，我们还探讨了友谊。

有的孩子说，陈淼淼和李雨辰的友谊很让他感动。友谊是平等而不是施舍，是困难时的坦诚帮助，而不是成功时的锦上添花。

有的同学还谈到小说里的班主任，说："老师，她和你一个样！"

我笑着问：哪里一个样？

有的说："你也像她一样，看上去很严厉，其实很疼爱我们！”

有的说：“我们的数学老师也是！他很爱我们，中午吃饭的时候，老问我们‘饱不饱’，还让我们多吃点！”

有的说：“英语老师都怀孕了，可还坚持给我们上课。她擦黑板不方便，我就帮她擦。”

……

听着孩子们叽叽喳喳地谈论，我深深感到为人师的幸福：被理解，被感恩，这就是我们即使辛苦仍不舍弃工作热情和教育理想的根本所在。

阅读主题交流课结束了。我让孩子们动手做了一张感恩卡，送给自己最爱的人。

笨手笨脚的我也满怀诚心地做了一张感恩卡：感谢有你，我的 53 个小孩！

我相信，一本小说，一节课，不仅让孩子们汲取了文学的养料，更滋润了他们正在成长的心，让我们对爱有了更深的理解。

爱是成全，爱是感恩，爱是不自私。愿这世界上最结实的胶水把我们大家紧紧粘在一起。

注：我们用一学期的时间，师生共读了《夏洛蒂的网》《呼兰河传》《城南旧事》《我要做个好孩子》《小船，小船》等近十部小说，每一次的读书交流，我们都会汲取足够多的精神营养，从中感受爱、善良、向上、担当等诸多宝贵品质。

秋之分享

国庆节回来，班里的小君同学给我带来一大袋子黄灿灿的柿子，说是他姥姥家种的，拿来和我分享。感动之余，我灵机一动：如今的孩子多是独生子女，很少与人分享，不如在班里举行一个分享果实的活动，让他们学会谦让，享受分享。

我的建议得到全班同学的热烈响应。于是我们决定第二天的语文课来个“秋之分享”的活动。

第二天，我一推开门，满屋子飘着各种果实的香味。班里乱哄哄的，很多同学自顾自吃得正香，地上到处是香蕉皮、苹果核。

我走上讲台，费了好大劲让他们安静下来，转身在黑板上认认真真写下“秋之分享”四个大字，然后安静地看着他们，让他们自己讨论这个活动该怎样搞。

一阵喧闹后，大家达成共识：以小组为单位，把大家的桌子合起来，把大家的水果堆放在一起，大家一起吃。

我也事先准备好了一些水果，分给每个小组两个苹果、两个橘子。我还未分完，他们就跑到讲台上，回报给我满满一讲桌的水果。

下面的过程，我只能概括为：吃货的春天来了！

我看见一组的浩源很拘谨，大家都让着他吃，后来才知道，原来那天他忘了带水果。

张艺那组只有半块火龙果，但他们分成八小份，每个人吃得津津有味。

我看见超群伸长胳膊往对面的金鹏嘴里放了一瓣橘子，俩人会心一笑的样子还挺意味深长。

我看见张鹏和高伟轮流啃一个梨，我笑话他们吃的不是梨，是口水，他俩连忙给我解释：梨是不能分着吃的，这样子吃，我们就永不分离了！

张鹏笑着让我张开嘴，说给我一些甜石榴籽，看他脏乎乎的小手，我鼓足勇气张开了嘴。臭小子！酸的！看我被算计的丑样子，他们笑得开心极了。

吃完以后，一地狼藉。我说：下一节英语课可怎么上啊！立马有几个男生跑到储物间，拿来扫帚和拖把卖力地“飞舞”起来。铃声响起，看他们兴奋的样子，恐怕不能很好地投入下节课了，我把下一节也调成了语文课。

铃声一响，我就说：“上节课过得真快乐，说出来和大家分享一下吧。”

有的说，以前妈妈抱怨他不爱吃水果，可她不知道这节课他吃了好多。

我问为什么，他说，好多人一起吃，有意思啊！

有的说，他还是第一次吃火龙果呢。

有的说，他只拿了苹果，可这节课吃到了梨、香蕉，还第一次吃到奇异果。

我说：“我看到的怎么和你们不一样？我看到了小组内的分享，看到了彼此间的谦让，看到了你们对我的回报，看到了吃完以后的担当……”

“孩子们，这些才是分享带给我们的感动，拿起笔，把这份感动记下来，永远留住这份美好的回忆。”

话音刚落，教室里响起沙沙沙的写字声。

张艺写道：“一个不爱吃水果的女孩，这节课上竟然吃了那么多水果，吃得那么快乐，这是因为分享。懂得分享的人，快乐格外多！”

超群写道：“吃完以后，看到明泽他们几个主动打扫卫生，惭愧之余，我对他们的敬佩油然而生。”

高小涵写道：“我们组每人分了一点点我拿去的火龙果，可大家吃得都很开心！看到他们的样子，我感到更开心！”

感谢这次无心的设计，它点燃了孩子们思想的火把，让他们幼小的心灵中迸发出分享、感恩、珍惜、担当、奉献等的火花，星星之火可以燎原，只要以后我们保护这些花火，相信前景必定灿烂。

……

在安心享受大自然的恩赐中，我们懂得了爱；

在感恩和成全中，我们懂得了爱；

在与人分享和主动担当中，我们懂得了爱……

“爱的旅程”刚刚起航，在这条路上，我还有很多的愿望要和孩子们一起实现，我要领着他们，领略四季更迭的美好，领略喧嚣尘世的温暖。

我相信，只有把鲜活的爱注入生命，生命才会有温度，有价值。

爱的旅途已顺利起航，我希望这一叶扁舟，载着 53 个孩子和一个一腔热血的老师，在生活的海洋里顺利前行！

我相信，即使前方是惊涛骇浪，可心中有爱的生命，绝不畏惧，永不退缩！

心怀悲悯，方能为师

午读的时候，我发现那个叫李冉的女孩还是没有书，我们都快读完了，每次问她，她都红着眼圈说“明天就买”。好多个明天过去了，我们都准备开午读交流会了，她还是怯怯地低着头看语文课本。

利用中午执勤的时间，我给李冉的爸爸打电话：“你忙？我也忙。我是53个孩子的班主任，我都能为学生抽出时间来，您就不能为女儿百忙中抽出一点时间来？”

我的语气的确有点不友好，但想起那个头发枯黄、脏乱，脖子里黑黑的，眼神总是像受了惊吓一样的女孩子，我就有点生气：她的家庭作业从没有家长签过字，因此也必然每次都写得一塌糊涂，或者干脆说“忘家里了”……我不是抱怨孩子，我是可怜孩子，一看就是父母顾不上。我问她的家庭情况，她总是眼圈发红，只反复说一句话：“他们都很忙”。我给她爸爸打电话，就是想为孩子争取一点关爱。可是每次他都会说：“老师，我没空啊！”

即使我如此不友好，电话那头还是以“忙”冷冷地回绝了我。

放学时，我的“气”还郁结在心里。“气”什么呢？似乎也不全是冲人家忙，还气社会：忙于挣钱，连孩子都不管！

回家的路上，我接到了李冉妈妈的电话，她很不好意思地向我解释:“老师,您别生气,她爸不是不管孩子,是真忙。”她歉疚地给我讲她的家庭情况:城里没房子,孩子跟着姥姥住,她的小女儿还在喂奶中,她没法工作,住在乡下,老公在县城附近的工厂上班,三班倒,无论多晚都得往家跑……

放下电话,我沉默了很久。

我又想起以前班里的那个男生,身上散发着难闻的体味,周围的孩子都不愿挨着他,我从他身边经过,也被呛到皱起眉头。我愤怒地责问他为什么不洗澡,他结结巴巴地说:“我爸说,等他休班的时候,快过年的时候,就和我去澡堂洗澡……”我忘了交代,那时正是寒冷的冬季。我才忽然想到,并不是每个孩子都住在有暖气、随时可以洗澡的楼房里。

我在想,什么样的教育者才是好的教育者?有渊博的学识?有认真负责的工作态度?有专业的管班技巧?这些还不够,还有一点,就是心怀悲悯,将心比心。

我不再苛求每个孩子背后都有完美的父母和家庭,我能做到的是,尽我所能地帮助孩子。

第二天,我拿着一本新的《城南旧事》走到李冉身边的时候,她兴奋地举起手里的书:“老师,我爸爸给我买了!”

时光荏苒,岁月沧桑了我的容颜,可内心,还是固执地做那个活在童话里的单纯的孩子,所幸,我选择的是一个最适合做梦的职业,我领着一群小公主和小王子,在新教育为我们创设的童话世界里,我们一年四季享受着童话般的单纯和快乐,而我,不要做一个恶毒的王后,也不要做一个高高在上的国王,也不喜欢做一个眼里只有国王、把孩子交给保姆打理的王后,那就让我做一个尽职尽责充满爱心的保姆吧,看着我的王子和公主们快乐地成长，这就是我的快乐。

感谢新教育，它让我和学生有了更多的亲密接触，在这些接触中，我们共同编织着一个充满爱、信任和责任的童话，在我们的共同编织中，我收获了更多的真情和感动，在这些真情和感动中，我在逐渐地靠近美好，成为让自己越来越喜欢、越来越心安的那个我。

班级管理篇

世界因你而美好

担任班主任十余年，从起初的懵懵懂懂死盯死靠，在和学生玩猫捉老鼠的游戏中，师生关系敌对化，渐渐变得对班主任工作又恐惧又憎恶，到现在享受做班主任的得意：享受和学生的相处，管理班级有条有理有特色，得到领导的认可、家长的赞赏，回首这不算漫长的成长过程，我庆幸自己用随笔的形式记录了那么多的脚印：深深浅浅，不是故事，是对自己的警醒和对同伴的友善的提醒。

做好班级管理，需要的是班主任的智慧。这种智慧必须通过自身不断地学习来提升：潜心阅读有关班级管理的书籍，直接“盗取”成功者的智慧；走出去，听各地甚至身边的名班主任的经验介绍；不断地在管理中反思，最好是做个记录型班主任：当你决定把自己的工作整理成文字时，其实你深刻的反思就已经开始了。

做好班主任，更需要的是一种胸怀：爱，责任，担当，公正，正直，长远的目光，坦荡的胸怀……这一切，需要我们去修行，敢于面对自己人性中的弱点，毫不留情地自我解剖，有壮士断腕的勇气，去悔改，求进步。

回顾我的点滴记录，与其说是班级管理的经验，不如说是自己的一次次自我解剖。

怎样家校合育？先用过硬的人品赢得家长的信任，做人有原则，做事有规则，让家长知道我们所做的一切，源于对学生的爱与责任。（《写给家长的一封信》《不负春光不负卿》）

怎样把孩子引向阳光健康的成长之路？我每接手一个班级，都精心写一篇见面礼读给他们听，用我的真诚消除他们的敌意和怀疑，换取他们的信赖，更重要的是，让他们知道我想和他们走向何方——不管是在学习上还是为人的品质上，总之，这篇开场白我很看重。（《写给孩子的一封信》）

出现问题了：学生自私，班级没有凝聚力，纪律涣散，有早恋的苗头……先培养为师的良好心态：别慌，一切正常。别恼，兵来将挡，水来土掩。只记住一个原则：别高高在上，平等，爱，尊重是解决一切问题的法宝。（《无形的收获》《做一件让世界更美的事情》《让别人因我的存在而幸福》《爱是最美的语言》《虽然……但是》《“我在造宫殿呢”》《今天，我很高兴！》《跟着蜜蜂采花蜜》）

班级琐事太多，一一插手累死你。孩子的事孩子解决就行，你只需要给他们提供更好的舞台，顺便准备好掌声即可。别怀疑孩子的能力，有时候他们解决自己制造的问题，会更顺手，就算砸了，面对你的惩罚他们心服口服：吸取教训才会更好地成长。（《安静的早晨》《契约记》《示弱的力量》《班币的故事》）

所以，我让他们把班级发生的事情，以文学的形式记录，男女生都有一个漂亮的本子，人人都可以写发生在班里的故事或者事故，有故事有建议有启发，毕业的时候，这本有文采有插图有温度的班级日志，男女生独立创编的班级小说，复印，人手一本，便成为他们毕业最好的礼物了。

当然，只靠说教的教育干瘪得没有生命力，所以，举行一些人人参与的小活动，搞一次心理测试游戏，甚至一次考试的阅读理解题，你对一件小事的感慨（写一篇小文章和他们分享），微信朋友圈偶尔对他们开放，让他们知道你对生活的热爱，他们是你向朋友炫耀的骄傲，他们给你带来的烦恼……你貌似漫不经心，他们死死记在心里。这些细微的事情要穿插在班级管理的始终，你的用心付出，点滴汇成海，有一天你会忽然发现，啊，他们美好的品性竟然慢慢地形成，骄傲一会儿吧，这就是你平时的“润物细无声。（《悦纳自己，欣赏别人》《孩子，你该学会的是自律》《建麟和他的长寿花》《宁做败将，不做小人》《孩子，让我们拒绝老三哲学》《慧眼识人》）

当然，有时候你在管理中也会一意孤行，自以为是，会对他们犯错误，甚至没有弥补的机会，忏悔完毕，你别灰心，有的是机会改正，你是老师，会陪伴一批又一批的学生，师哥师姐们知道师弟师妹免遭他们的痛，你的错也就被原谅。这些随笔，是你的忏悔，更是你的反思。（《我和差生的故事》《荆棘盛开的花》《洒一片阳光》《如果那只猴子是悟空》《世界因不同而精彩》）

好在，这些我珍贵的法宝，失败的教训，都被我用幽默的语言，乐观的心态一一记载，供我回忆，与您共享。

我曾经在接手一年级娃娃的时候，传递给他们一个美好的期望：从你做起，做一件让世界更美好的事；在他们即将小学毕业的时候，我一直向他们传达的理念是：让别人因我的存在而幸福。

以此与我陪伴过的所有弟子共勉。

这是开学之初写给家长们的一封信

让我走进你的心里

亲爱的飞翔班的家长们：

大家好！

非常荣幸因为孩子，我们走在了一起。

首先，我想给大家介绍一下咱们飞翔班的含义。

这是开学之初我写给飞翔班的孩子们的信：

亲爱的飞翔班的孩子：

大家好。

在这个有用才是王道的社会中，理想，是多么宝贵的一个词语！孩子们，我希望你们是一群有理想的人，用高尚美好的理想引领你们向前，跨越重重困难，飞跃世俗种种，有一天，当你站在理想之巅，回顾有理想相伴的岁月，追忆那些与困难与对手与自己战斗的点滴，为自己喝彩吧！恭喜你，战神！

心怀理想，方能自由飞翔。

鸟儿要想飞得高，必须强健自己的翅膀。孩子们，作为你们的老师，我首要的愿望是你们一定要健康！孩子们，除了要有健康的体魄，还要有阳光向上抗打击的心灵。所以，我希望你们除了渴求爱，还要渴求挫折。只有一次次战胜挫折，才能让自己心灵变得强大。等你穿上铠甲，与困难作战的时刻，孩子们，我手捧鲜花，等你凯旋！战神，加油吧！

心怀理想，方能自由飞翔。

如果一个人自私到只为自己谋福利，他多有才，我都没觉得他飞起来。他只是匍匐在地，恳求上帝许他一份安稳。

我们周围是不是有很多这样的人？

孩子们，罗曼·罗兰说，一个人的价值，与他为社会做出的贡献和创造的财富成正比。我想翻译得简单一点：一个人的价值在于他给周围的人和自己所在的团队带来了什么。你很出色，我希望你的出色能让周围的人受益。当你的存在给别人带来幸福的那一刻，你一定能感觉到从匍匐在地到自由飞翔的区别！

孩子们，我希望你们能勤奋，善良，向上，有理想，敢担当……这些就是强健你们翅膀的营养，你们那双充满求知欲望的纯净的眼眸，我希望你们能看得远，才能飞得高！

看着你们张张可爱的笑脸，亲爱的小孩，我在心里默默祝福你们：心怀理想，自由飞翔吧！

心怀理想，方能自由飞翔。这是我和大家交流的第一个问题：我们要培养什么样的孩子？不是学习的机器，不是理性十足没有感性的冰孩子，我们想培养的是有血有肉、有快乐有激情、有梦想有诗意的孩子。所以，希望今后我们大家合力，给孩子的成长创造一个积极的氛围：我们不庸俗，不势利，我们不斤斤计较、目光短浅，我们要坦荡，我们要有集体意识，等等，只有在这样的氛围中成长的孩子，将来才会心怀理想，自由飞翔。

其次，我想和大家分享我的第二个观念：陪孩子共读，真正走进孩子内心。

孩子渐渐长大，慢慢变得不愿和我们交流，有时候我们热心地问他一些问题，他总觉得幼稚、庸俗。怎样走进孩子的内心，赢得孩子的认可，这是我们陪伴孩子健康成长的关键。

陪孩子一起阅读，是我们走进孩子内心的直接通道。

11 月和 12 月，我们把它们定位为阅读和写作月，“阅读和写作，让我们飞得更高！”是我们的活动口号，我会和孩子们一起，从手写日记挑战每周千字做起，从每天安静阅读半小时开始，让我们陪着孩子幸福、有意义地成长。

尊敬的家长，为了让孩子养成安静阅读的习惯，我们热情邀请您参加我们的阅读，亲子阅读半小时，这是对孩子最好的精神陪伴。

放下手机，关上电视，拿起许久不曾看的纸质书，陪着孩子在夜色中安静阅读，您试试，相信您一定会爱上这样的生活方式。

要求：和孩子共读《伊索寓言》，里面精短的小寓言，包含的却是深刻的社会意义。孩子的年龄小，阅历浅，一定对里面隐喻的一些深刻的社会现实和含义理解不到位，这个时候，就需要我们家长“扶他一把了”！让我们陪孩子一起阅读《伊索寓言》吧，并结合自己的阅历和观点讲给孩子听。

另外，为了更好地督促孩子阅读，也为了让我们自己把亲子阅读坚持下去，我们需要设计一个表格：阅读书目、时间、积累的词语和句子（不限），自我评价和家长评价。希望您持之以恒地坚持下去。

月末的时候，我们会根据大家自己设计的阅读记录评选出班内的“读书小能手”“书香家长”等，希望大家精心准备。

另外推荐阅读篇目：

曹文轩《草房子》《山羊不吃天堂草》《根鸟》

梅子涵《女儿的故事》

陈丹燕《我的妈妈是精灵》

黄蓓佳《今天我是升旗手》《小船，小船》《我要做个好孩子》《芦花飘飞的时候》《遥远的地方有一片海》《亲亲我的妈妈》

秦文君《男生贾里女生贾梅》

冰心儿童文学新作奖《青鸟飞过》《象母怨》《蓝花》《钟声》

再有难度的还有《明朝那些事》《三国演义》，毕淑敏的散文、席慕蓉的散文。

建议：大家拿出一百元钱给孩子买书，胜过请孩子吃大餐，给他买服装鞋子，等等。

大家给孩子一次买三到四本书，用一个手提袋装好，然后，以手提袋的形式，人人交换，这样让好书漂流阅读。

亲爱的家长，寒假就要到了。这是孩子们期待很久的事情。怎样和孩子们过一个快乐有意义的新年呢？我有以下几个建议：

首先，成绩是一个让我们欢喜让我们忧的尴尬话题。

如果孩子考得理想，除了要奖励他，还要引领他分析这次考好的法宝，千万不能丢哦。还要让孩子明确一个观念：成功的标志似乎是取得一个好成绩，可是成功的含义实在深刻：孩子，你尽力了吗？你超越自我了吗？你制订好下一步的计划了吗？骄兵必败，除了表扬，家长们还需要理性地提醒。

如果我们的孩子考得不理想，他的心情一定很难过了。他需要家人的理解和支持，当然，也有包容和谅解。所以，给孩子一个大大的拥抱吧。孩子，我们永远在一起，我们会一起面对，更会一起战胜它。帮孩子找一找知识的漏洞和短板，利用自己力所能及的方法给孩子补课，和孩子分析失败的原因，特别是引导孩子做一个屡败屡战的战士。制订好寒假计划，争取以后有出彩的表现！

其次，坚持我们的亲子共读，每周选定一天作为家庭读书交流日，一家人在明亮的灯光下，畅所欲言，这是一场多么丰盛的精神席宴啊！

另外，春节是中华民族最盛大的传统节日。长辈们小时候是怎样过春节的？过春节时最难忘的一件事是什么？你能让孩子以主持人的身份采访您和家人，并根据采访写好采访稿吗？

包饺子是春节最古老最有年味的习俗。让孩子加入其中吧，一家人围着餐桌其乐融融，有擀皮儿的，包饺子的，还有摆饺子的，给孩子找个适合他做的活，让他体验一下过年的喜悦。

希望您和孩子一起搜集有关春节的习俗、传说，把它整理出来，开学以后和大家分享。

春节是个走亲访友的节日，您能和孩子讲讲走亲访友应该注意的一些礼节吗？能和孩子讲清楚亲戚们之间直接或者间接的联系吗？能让孩子注意观察在客人家发生的事情吗？能把这些有趣的见闻写进日记吗？

如果春节你们恰巧出去游玩，能和孩子一起搜集当地的春节习俗、名人传说、古胜名迹、历史文物等吗？引导孩子做一张有文化含量的旅游手抄报或者旅游日记吧！

压岁钱是孩子们期盼已久的礼物了。可是，怎样用好压岁钱是门学问。请您和孩子达成协议，告诉他怎样利用自己的压岁钱。并让他访问一下他的小伙伴们怎样合理使用压岁钱，并根据采访写好采访稿。

春节必有春联。春联是我们中华民族的文化宝典。请您引导孩子查阅有关春联的知识，并且根据自己所见，摘抄五副精美的春联，并尝试做自己的赏析。

春节以后就是元宵节了，又是一个有意义的传统节日。您打算和孩子怎样度过呢？

小建议：首先和孩子一起动手做做元宵吧，既简单干净又有营养，关键是其乐无穷！

搜集元宵节的传说、诗歌，整理到作业本上去。元宵节有灯会，领着孩子赏灯的时候，搜集几个有趣的谜语吧，让孩子猜猜，一家人体会中华文字的奥妙，体会智商碰撞和交流的乐趣吧。

马上要开学了。让孩子自己整理他的作业、书包，你能做到的就是送给他们一份信任、一份鼓励、一份充满爱的监督和提醒。

愿我们的孩子都是摆脱世俗的有精神追求的孩子，愿我们合力，做孩子飞翔的一双翅膀，用爱、责任和方法，让他们心怀理想、自由飞翔！

飞翔班班主任：宋叶静

2017 年 1 月 16 日

写给孩子的一封信

心怀理想，自由飞翔

亲爱的小男孩们：

有幸做一个男子汉，是多么骄傲的一件事！回家问问你的家人，你的出生给他们带来了多大的幸福和荣耀！

孩子，“男子汉”不仅指性别，它有更丰富的含义。

男子汉意味着责任和担当。

“天下兴亡，匹夫有责”，是顾炎武的担当。

“人生自古谁无死，留取丹心照汗青”是文天祥的担当；华盛顿砍了樱桃树勇于认错是担当；“班荣我荣，班耻我耻”是一种担当；让你的存在给周围人带来幸福是一种担当……

著名作家阿来说：“自由的第一个意义就是担负起自己的责任。”孩子，为了拥有可贵的自由，你必须做一个敢于担当的男子汉，要敢于面对自己的不足，要正视自己的错误，要有能力收拾自己的烂摊子……

做一个敢于担当的男子汉，要从小事做起。

做一个绅士，不和女生斤斤计较；要宽容那些不小心犯错的人，要学会“己所不欲，勿施于人”，要学会同情、照顾弱者，要学会为班级操心、做贡献……

人生没有绝对的公平，要学会用宽容、平和的心态面对诸如误会、诽谤、排挤、失败等灰色的东西。我始终相信：

要想得到的比别人的多，就必须承受更多。

亲爱的男子汉们，原谅我对你们的苛刻，因为我愿你们成长为真正的男子汉。加油！

爱你的朋友：叶静
2016 年 9 月 27 日

做一个骄傲的公主

亲爱的小女孩们：

每次看到你们，总让我特别惆怅：为什么，我就没有女儿呢？

做个女孩子多好！看你们穿那么漂亮，长辫子短辫子，长裙子，短裤子……怎么也看不够！

亲爱的女孩，我多么希望你们中某一个是我的内心祈祷多次让上帝赏赐我的小女儿！

多幸运我是你们的老师，把你们当作上帝对我的奖励。

如果你是我的女儿，我当然希望你健康、漂亮。可是，我更希望你像公主一样高贵、骄傲！

像个公主一样，让别人羡慕你。

我们不能从出身上选择做公主，但是我们可以凭借自己的努力让自己变得优秀、出色。长得漂亮是运气，可凭你的天赋、勤奋，考入一所好大学，谋得一份好职业，过上一份好日子，不也是一个让人羡慕的公主？

孩子，如果你恰巧漂亮，多好！这可不是每个人都具有的。可是，孩子，千万不要依赖于你的漂亮，放弃学习之路上的奋斗，漂亮是有保质期的，可聪明、才华，这些才是永恒的。

孩子，如果你恰巧聪明，多好！你的起点比别人高。可是，孩子，千万不要因为聪明就投机取巧。有个成语叫“大智若愚”，小聪明误终生。

孩子，如果你不巧，没拥有良好的出身，漂亮的外表，聪明的大脑，孩子，你一样要相信：所有人的努力都是在为美好的未来奠基。勤奋、坚强、善良、乐观、向上……这些宝贵的财富，你值得拥有！

我亲爱的小女孩们，让自己拥有远大的理想，用勤奋、向上、不服输等品质让自己坚强，我相信，你会在浩瀚的天空中自由飞翔！

爱你的大朋友：叶静

2016 年 9 月 27 日

不负春光不负卿

说到家校合育，我的脑海里翻腾起很多回忆，各种滋味，如人饮水，冷暖自知。失败居多，成功较少，选取三个用失败经验换来的小成功，慰藉自己，以飨大家。

走近我，温暖我

每接手一个班级，我都会在开学之初给每个家长写一封信，主要介绍我的班级愿景和带班原则：我希望孩子们走向何方，我会怎样引导他们前行。

我给接手的这个班级取名为飞翔班，班级愿景是：心怀理想，自由飞翔。所以我带班的原则就是：既要脚踏实地学习，又要摆脱世俗，心怀理想，仰望星空。我会针对孩子们的表现，从学习习惯和道德品质两方面入手，通过“每月一事”培养一个好习惯。

根据我的理念，让家长们自愿报名，成立家委会。只有认可了我的理念，才会在以后的活动中真诚地支持我，而不仅仅是迫于面子。当然，家委会的权利很多：监督我，提建议，……省略号里面的内容随时补充。

而每个月的培养目标我都会向家长们汇报，目的是让他们更好地了解班级，支持班级工作。

比如9月，我们的“每月一事”分为两个方面：品质上是热心奉献，学习上是学会倾听。

我刚接手班级，为了培养孩子们的凝聚力，我想培养他们对集体的热爱，通过自己的热心奉献，打造温馨的班级。比如提倡“我的班级我妆点”，每个孩子自己拿来鱼缸、花草、装饰画，等等，把班级营造得温馨无比。我把班级的每个细节拍下来，在家长微信群里“晒”，让他们看到孩子们对集体的热爱。艺璇的家长看了图片后，说我们班缺一个书架，于是给我们添置一个书架。莉莉妈妈说还缺少一个盛厚衣服的置物箱，于是我们教室后面多了两个超级大的置物箱。学习上我通过观察，发现他们习惯叽叽喳喳，不会耐心听课，也不会耐心听别的同学回答，于是，我们在学习上的习惯就是学会倾听。

不但我们的“每月一事”家长们清清楚楚，我们班里的很多活动我也经常会在群里直播：大课间孩子们在操场上踢毽子，课堂上我们分享课外阅读收获，我们集体诵读春天的诗歌，我们在校园里观察秋叶，甚至听写时“听写小明星”和“飞速进步达人”的合照，“阅读之星”的相片，书写认真的作业，甚至他们偶尔的搞怪，我都用手机拍下来，及时地和家长们分享。

这样一来，我们班的家长群格外活跃，他们对孩子们的情况一目了然，不但近距离了解了我们的班级，而且为以后的沟通合作奠定了良好的基础。

21 天的“战争”，我们赢了

这段时间，我发现班里家庭作业的完成情况越来越糟：先是应付的越来越多，接着偷工减料的不断出现，直到今天早上，各小组长的检查记录上没写作业的人数竟然递增到八个！

我把自己的火气压住，询问他们不做作业的原因，各个吞吞吐吐，无言以对。我忍不住抱怨：你们不做作业，家长知道吗？

他们几个面面相觑，有一个小声地说：我妈从不给我检查，只是问一句“做完了吗？”

无奈地把他们打发走，我陷入沉思：孩子放学后完不成家庭作业，第二天就成了无法挽回的事实，他们白天的课程安排很紧，根本没有补上作业的时间。天长日久，偷懒成了习惯，成绩下降一发不可收拾。

唯一的办法就是：认真高效地完成家庭作业。

唯一的保障就是家校联手。

专家说，好习惯的养成需要 21 天。于是，我写了一份倡议书《家校联手——21 天好习惯养成之认真高效完成家庭作业》。这份倡议书我选择手写的原因，一是引起家长重视，二是为了显示我的诚意。

第一遍手写的倡议书足足两页。写完以后我想：虽是情真意切，但是如此冗长，家长们会不会看得厌倦？于是重新缩写，感性的成分去掉，理性的有指导意义的保留，这样就成了一页。写完以后，又考虑到自己的行书虽然潇洒，但是万一有的家长认不出来呢？于是，工工整整用正楷抄了一遍。倡议书中，略讲家庭作业的重要性，详细教给家长们针对自己孩子的实际情况（分为高度自律型、应付了事型、不做作业型），怎样指导、监督、检查。

然后我配套设计了一个“21天好习惯打卡记录”，每人一张，贴在家庭作业本上。每完成一次，就用和父母约定好的符号（笑脸、星星、红花或者签名，等等）记录一下。而且每天晚上的作业，都要有家长参与的痕迹：可以签名，可以写评语，可以画笑脸，可以贴星星……完成以后，在我们的班级QQ群中晒一晒，目的是起到互相监督、鼓励、学习的效果。

最后，举行盛大的颁奖仪式。亲子坚持21天后，我会颁发特定的家庭作业优胜奖，上面印有亲子合影，军功章有你的一半，也有每天监督你的家长的一半。

当然，预想得如此一帆风顺，也是绝对理想主义的。

我在发了倡议书以后，在家长群里让大家展开讨论，为了孩子的成长，家长们热血沸腾、跃跃欲试，为活动成功地开展酝酿了气氛。

然后，我给几个平时作业完成不好的家长发微信，约定第二天下午3点开专题家长会。现实情况是，13个家长来了9个，一个电话沟通，一个说自己忙，以后再约，还有两个杳无音讯。来的家长，零零星星，害得我从下午一点讲到五点，口干舌燥，相同的台词重复了无数遍。好在，这些家长当面立下军令状：无论多忙多累，坚持21天！

为了让孩子和家长不半途而废，大家在QQ群里晒作业的时候，我尽量对每一个学生的作业都做了点评，特别感谢了背后付出的家长。特别是平时做作业习惯差的，我更是毫不吝啬赞美之词。小鲜花和大拇指送出了无数。这样的奖励，换来的是孩子做作业果真越来越认真，家长的动力越来越足。

21天结束了，已经有多于三分之二的学生成功地拿到了特制的奖状，另外那些，我给他们延期，让他们尽早结束战斗，争做战斗中的胜利者。

21天结束了，好习惯的养成还没结束，成功的家校合育刚起步：

母亲节的时候，我让孩子给母亲写封信，既要有感激之情，又要有进取之意，妈妈批阅后写下感言，连同母子合影晒在家长群里（自愿原则）。

提倡亲子阅读，不但给孩子的阅读做评价，还要有父母自己的“阅读痕迹”，批注、摘抄、读后感不限，甚至画线标注也行，父母的成果都算在孩子的考核里。

清明节，邀请家长进课堂，参与我们的碰蛋大赛，顺便给我们讲讲那些难忘的英雄的故事。无论是碰蛋中的童年情怀流露还是讲故事时的真情投入，都让孩子们回味无穷。

春暖花开，邀请家长参与“不负春光不负成长”的踏青活动，地点、方式、午餐等全让家委会操办，浩浩荡荡一行人，颇为壮观！更精彩的是亲子参与的诗歌朗诵“我送春天一首诗”，成为家长们愉悦难忘的回忆。

……

家校合育就得让家长真正参与，更要让家长知道怎么参与，老师也要不间断地关注家校合育的动态，更不要忘记关注过程中的指导和喝彩。

爱你如初

奇葩家长，你我一定都遇见过。

在和孩子共读《呼兰河传》的时候，昊昊同学没买书，我问原因，他眼圈红了："我爸爸不让我买，说我学习不好，浪费钱。"

昊昊父母离异，他跟着爸爸生活。接班以来开了两次大型的家长会，他爸爸都没来。据知情人士说，他爸爸性格阴郁，坚决不让孩子和母亲再见，而且酗酒，脾气暴躁，无法沟通。

我没有信心改变一个成年人的生活状态。我选择了懦弱：我没有和他沟通，只是给孩子买了一本《呼兰河传》，说是我家里多着的一本。昊昊没有读书笔记本，用的是学校里发的大演草，我去超市买了两个厚厚的软皮本，给昊昊的时候说是我儿子用不了，扔在一边不用的。

昊昊不写作业，趁爸爸上夜班玩游戏上瘾了。其实是孩子孤独。我和他约定每天晚上和他聊天半小时，然后督促他写作业，第二天给他检查。这样他玩游戏的时间渐渐就没了。

有一次收到昊昊爸爸的短信，只有简短的两个字：谢谢。

不客气！我在心里说，因为我做的一切，都是为了孩子。

璐璐的家长很宠溺孩子。刚接班不几天，她妈妈给我打电话，大意是说璐璐的适应能力差，以前的班主任对她很关照，希望我对她上心点。于是我就格外关注她，可是关注后，她的很多缺点就暴露无遗了，比如每次作文本她都几乎在我催促好几回以后才交，组长总是反映她家庭作业“偷工减料”，收餐费她总是忘记拿，几乎每一次都得去办公室给家长打电话送钱来（学校财务要和县里交接）。总之，璐璐是个吃不得苦、很不让人省心的娇气女孩。

而她的妈妈呢，是这一切的罪魁祸首——虽然她没有意识到。她总是给我微信留言：璐璐写不完作业是因为她写字很认真，她偷工减料是因为家里来客人了，需要她照看客人带来的小孩，以后收钱你可不可以直接告诉我，我微信给你转账……

实话说，我真的很烦她娘俩。

有段时间不理会璐璐，也不理会她妈。后来，慢慢想通，我是老师，我不能由着性子，我得教她妈怎样管理孩子。于是，我不断地和她微信交流，看到好的教育孩子的文章转发给她……

现在，璐璐和她妈妈都很喜欢我，当然，我也不再反感她们。

还有的家长嫌老师布置的作业必须用电脑，这样孩子容易玩游戏；有的家长因为对孩子排座不满打电话找校长；有的家长担心老师光领着孩子读课外书会不会影响成绩；还有的家长你一打电话和他交流他就说工作忙，孩子拜托老师啦；还有的家长抱怨家庭作业还得家长签名……

我没有技巧去一一应对，我采用了武林秘籍中的最高招数——无招胜有招：忍着，不放弃和他们交流，更不放弃对孩子的关注和爱。

精诚所至，金石为开，我希望上天能把这最后的奖赏给我。

三个故事讲完了，家校合育的秘籍却如“美人如花隔云端”，我唯有见招拆招，在失败中摸索一点经验，凭丁点的成功鼓励我继续前行。

亲爱的小孩，你是我生活中的春光，亲爱的家长，我愿用不怕失败的探索精神，凭真诚的爱的态度，不负春光不负卿。

让别人因我的存在而幸福

周一早上我执勤，早早到了学校，习惯性地走进班里。

一进门，迎接我的是一地的废纸，凳子也被歪歪扭扭随意地放在地上，很显然，周五放学后值日生没打扫卫生。

班里只有七八个早到校的学生，有的在安静读书，有的正在打闹，还有的无所事事。

我忍住火，问班委昕昭："我记得让你负责把关，周五他们打扫成这样，你怎么把的关？"

他很无辜地说："老师，我改成三班车啦。"

以前他坐离校最晚的四班车，所以让他监督放学后的卫生打扫。

"可是，你改成三班车，怎么没跟我说？我好安排别人检查，你看没有检查的，卫生没人干也没人管。"

他似乎很委屈。于是我让他和几个早到校的学生抓紧扫地。

安排完毕，我就匆匆赶往楼上执勤。

第一节语文课，我推门而进，迎接我的竟然还是纸屑灰尘遍地的教室。

面对这显然是应付的场景，我忍不住发火：谁扫的？

昕昭乖乖跑过来。

重新打扫。

上课了。我问周五谁值日。三四个人老老实实站起来。

一一询问“干了吗？”一一回答“我干了”。

我忍不住怒火中烧：“你干的啥？难道我看到的是幻境？”

从五年级接手这个班级，卫生打扫就一直是个难解决的问题。换了各种办法，从一开始的按照乘车到校早晚（因为乘车到校早、走得晚的就是那几个学生，所以他们的劳动任务格外重），到后来分成四个小组，组长安排人人有活干（结果有些活没干，一问竟然回答“忘了！”）到现在把每个组人员的卫生工作具体化，打印出来张贴到墙上，派专人检查，结果呢？真让我失望！

检查的应付了事，打扫的就更稀里糊涂。归根到底，就是责任意识太差，或者说，没有主人翁的意识，人人心里都没有装着集体。

这个班级有很多学习出色的孩子，但是，组合在一起，却是一个很不出色的班级。想起刚送走的那个班，我接的时候也是有名的差班，可是仅用了半年，就成了一个又团结又有纪律的班级。其实那个班级优秀的孩子，不管是学习上还是组织能力上，真的很少，但是，凡学习成绩优秀的，都是一腔热血地去带头示范，去主动参与管理班级，班委凝聚力强。

而现在这个班级呢？学习好又能起到示范作用的太少。反倒是几个学习成绩和组织能力都不错的男生，带头违反纪律，成了老师管理班级的最头疼的绊脚石。

每次看到明明优秀的孩子，却只管自己学习，从不在班里带动和示范，甚至带头和老师作对的时候，我就感觉格外的沮丧！

是因为太聪明吗？

或者就是因为这些小聪明，以为只要自己学习好就行，别人和班级与自己无关，才导致都想“人人为我”，却不屑于“我为人人”的局面。

孩子们，在奶粉中添加三聚氰胺的，侵入别人电脑非法盗取信息的电脑黑客，哪一个不是“聪明人”？如果一个“聪明人”没有正义、同情、集体荣誉感等美好的品质，他所谓的聪明对这个社会有什么意义？

爱因斯坦说：“一个人的价值，应该看他贡献什么，而不应该看他取得什么。”如果觉得这句话离自己有点远，那么，让别人因为你的存在而感到幸福，这恐怕就是对个人价值最通俗的解释了。

下个班会，我想和你们认真讨论一个问题：你的存在，给别人，给团队，带来幸福了吗？

班币的故事

以前，无论是上课积极发言，作业认真，还是热爱劳动，我统一奖励一颗小星星，当然，反之就是扣星星，年终评选星级学生。久而久之问题出现了：一是星星有时被人蹭掉，另一个主要原因是，精神鼓励的力量是有限的，有些同学开始对奖励的星星漫不经心。

于是，“班币”诞生了。我亲自操刀设计，上面有班徽——一只凌空飞翔的雄鹰；班级口号：脚踏实地，自强不息，心怀理想，自由飞翔。面额有1分、2分、5分、10分、20分之分。

班币有什么用呢？

午休不愿睡觉，可用挣得的班币换读书或做作业的特权。

图书每周借阅一次，可用班币换取随时借阅的特权。

另外，我自掏腰包，买了一些小礼品，如小书签、小钱包、小笔袋、彩笔等，可用班币兑换——这才是他们最感兴趣的。

为了给他们创造挣班币的机会，我就多开展活动。

每周按时保质保量地完成作业的奖一个班币；

每次听写全对或进步明显的奖两个班币；

每周打扫卫生干净不扣分的奖一个班币；

……

还是感觉班币不够用，嘿嘿，他们喜欢的奖品都很贵哦。

于是，把班币和课堂上的一些学习要求相结合：每晚背三首课外诗词并传音频到QQ群，加一班币，英语诵读的也加一班币，每晚阅读半小时坚持一周的加两班币，坚持写日记一周挑战千字成功的加两班币……

班级群夜夜爆棚，日记本一页页厚起来，竟然有五个同学开始操刀写小说了！英语老师也直夸大家学习热情高涨，每人阅读的书越来越多……

他们的疯狂行动，让我再次见识了物质奖励的力量。

任何事物都有两面性，班币也是如此。

下周就用班币换礼品了，于是，有很多人的班币“不翼而飞”，班币的弊端之一出现了——贼，应运而生。解决的办法是：财富公开制，组长记录每个人的财产以及来源，如果班币不是你的，取消你兑换礼品的资格。当然，也没有彻底解决丢班币的事：比如自己不小心遗失，我的规定是“一概不补”。

于是，有人想把班币寄存到我这里，有人又觉得看不到自己的班币不安，又想出给班币入保险的辙：“我交给你2个班币，万一我的班币丢了，你再全部补给我。”有人说：“我的班币不够，买不起我心仪的奖品，能不能借老师几个？”可以，但涨利息。存到我这里的人立刻脸上放光：放到你那里能不能涨利息？

……

小小班币，培育出一个大社会啊。

学校举办第一届足球联赛。我们班男生代表队屡战屡胜，最后赢得全校第一名。

班里每个人脸上喜气洋洋，特别是我，感觉倍有面子。

有的同学建议：老师，是不是该用班币奖赏他们？

从情理上讲，他们为了班级荣誉，汗洒绿茵，刻苦拼搏，而且取得这么好的成绩，奖几个班币实在是情理之中。

可是，发几个班币呢？

可是，荣誉能否用班币衡量呢？

我矛盾了很久。

想起了我们的班名：飞翔班。我们的班级愿景：心怀理想，脚踏实地，超越自我，自由飞翔。我们的美好愿望不就是培养理想主义者吗？鸟儿的翅膀被物质束缚，怎能自由飞翔？班币越是盛行，越需要理想主义情怀的教育。

于是，小小奖状诞生了。一张A4纸打印四张，上面印有蓝蓝的天空，下面是一只展翅飞翔的雄鹰，旁边是我们的班级愿景：心怀理想，脚踏实地，超越自我，自由飞翔。

最下面是我手写的大字：奖给在足球方面表现突出的你，感谢你为我们班级赢得荣誉。签名：宋老师。

班会时间隆重给球员们颁了奖。我满怀激情地对他们进行了思想教育：“孩子，奖状是一种荣誉，是对你品质的一种肯定。荣誉是无价的，它是我们的一种追求，一种信仰。一个人只有有追求，有信仰，不过重地追求物质需要，才能心怀理想，自由飞翔。”

孩子们一脸神圣，球员们很郑重地接过奖状。

于是，作业认真完成的发一张“作业优秀奖”，遵守纪律的发一张“守纪小明星”，完成阅读任务的发一张“阅读小达人”，完成日记挑战赛的发一张“小小作家奖”……

有一天，牛笑语拿着她的所有家当——20个班币来找我，

“我想用它们换一张‘小小作家奖’，我总是偷懒，完不成一周千字的日记挑战赛。我用这种方式来逼自己一下，如果我完成了你就还给我班币，完不成，我就不要班币了。”太好了！我表扬了她。

刘钰馨拿着五个班币找我商量：“老师，要是我完成一周的每天阅读半小时任务，我就要回来，完不成，不要了！”

张铭钰找到我：“我用五个班币换一张‘听写小冠军’！完成任务就要回班币，完不成就不要了！”

……

我一定把这三个同学的做法在班里大张旗鼓地宣传，我要让更多的孩子用班币逼自己一把，让班币成为飞翔的翅膀而不是捆缚翅膀的黄金。

当然，这不是结局。

班币的故事，仍在继续。

示弱的力量

学校又举行队列队形比赛。消息一出，我就陷入无限哀愁中。

去年送走的那个班，两年了，我班的名次都是倒数。

实在是领导无方啊！

想当年，当学生的我是军训时教官单独训的两人之一，加了那么多小灶，正式比赛时，我还是在大家嘹亮的“1、2、3、4”后，把孤独的悬在空中的右腿偷偷放下来……

要命的是学校每年的队列队形比赛，除了基本的四面转法等，还得有队列变换：一会儿变成爱心，一忽儿变成字母，或者变成数字……

这一切，都是班主任的事。

我愁死了！

于是在班会上我就很惭愧地向大家坦白了我的军训个人史和历年带班的军训成绩。末了，我总结道：“如果这次得奖，功劳全是大家的！如果不得奖，责任全在我。”

没想到，班里炸开了锅！

第一个起身的是体育委员：“老师，你放心！我一定带他们好好练！你不是说付出就有收获吗？我们比别人多付出些就是！”

然后，班长站起来信誓旦旦地说：“老师，你放心！咱们班一定团结起来！做得好的带带不好的，喊口号的时候，男生用点力！”男生们立刻响应“好！”声音果然响亮！

全班同学目光炯炯地看着我，我忽然倍感自信。

每个大课间，他们总是又快又齐地整好队——以前站队集合我得喊破嗓子。跑完步后，体育委员就在强烈的阳光下，带领大家顶着酷暑训练。我只要在一边看着就行，偶尔指手画脚，他们就很谦虚地接受。——平时这些孩子只听得表扬，批评谁谁就噘嘴给你看。

队形变化，他们几个班委设计的是一只飞翔的老鹰，可是因为人少，我在一边总觉得图像过于抽象，于是建议他们改成展翅高飞的海鸥，那样图形简单，也好变幻。

其实真正变幻起来，还真不是简单的事。

我看体育委员和班长商量了半天，同学们还是不明白自己的站位。特别是变幻的时候，整个队伍显得格外乱。

怎么办?

我这个局外人更是束手无策。

一个男生自告奋勇:“老师，我画个图形琢磨琢磨。”于是，这个平时很不起眼的男生，跑到班里拿来纸和笔，冥思苦想后，很镇定地指挥起来。

果然，一会儿工夫，大家就很熟练很整齐地把凌空飞翔的海鸥摆了出来！

“欧耶”！看他们齐声欢呼的劲儿，我也激动不已！

于是，接下来就是紧张的训练。

我从来没有见过这群松散的家伙如此投入，那股认真劲让我心里既高兴又迷惑——

上次学校室内卫生大检查，我感觉自己运筹帷幄、事无巨细、事必躬亲，可是他们能偷懒则偷懒，即使承包到人，可仍干得一塌糊涂，我责问起来，有的恍然大悟似的说“忘了！”有的更直接，一边嘟囔着一边不情愿地去干。结果，我觉得自己身心俱疲，可检查结果却不尽如人意。

这次，简直像换了一群人！

第二天比赛了，放学时我看体育委员大声地提醒他们：明天穿干净整洁的秋季校服，白鞋子，别忘了准备好白手套。他们大声地说：“早准备好了！”

比赛那天，看到前面的班级那么精神、整齐，我真是紧张得不自信了。

李翔问我：“老师，你猜，我们班能得奖吗？”

我犹豫了：“但愿吧！”

“老师，要是不得奖，我跟你姓！”

……

平日里报数总是不太流畅，到了赛场上，第一排的小姑娘个个精神抖擞，特别是报完数一回头的那个动作，那个利索那个帅！

喊口号的时候，果然是声如洪钟，振聋发聩啊！果然如一男生所言：“我们班的狮吼功无人可及！”

谁的孩子谁不爱？我怎么都觉得我们班的表现是最棒的！

比赛结束，没有立即出结果。他们忐忑不安。我安慰他们：“孩子们，你们最棒！在我心里，你们是第一，当之无愧！”他们嘟囔：“你说了不算。”

周一升旗，宣布分数。他们紧张得屏声息气。

其实，我反倒很坦然，因为，我看到了一个那么自律、团结、上进的团队，这不就是比赛的目的吗？我仅仅做了一个友情客串，他们凭借自己的努力，最后的表现已经足够让我骄傲了！

我常说的那句话果然是真理：有付出必有回报。我们班，全年级第一！

六年级自以为很成熟的大孩子，还是在分数一出时，欢呼起来，惹得邻班翻白眼。

我激动地找到李翔："李翔，我终于不用提心吊胆了，你继续姓李吧！"他倒是很坦然！

比赛结束了，我看着那张红红的很久没见过的奖状，心想：原来，我的示弱比我的颐指气使更有力量。

教育是什么？与其说是培养，不如说是挖掘。

今天，我很高兴！

我在讲台上说之前得使劲用残缺的凳子腿敲讲桌：别吵了别吵了！我在讲之中，嗡嗡嗡嗡，下面又乱起来，我气得扫视四方，全是一张一合的小嘴，面对如此众多的“罪魁祸首”，你都不知道拿谁开刀……

我面红耳赤，嗓子嘶哑，气急败坏，无可奈何，我怎么不疯了呢？疯了，就不用做这群祖宗的班主任了。

发昏当不了死。我总得想办法管好这个乱班级。

首先我采用的是狮吼功！气沉丹田，用上洪荒之力：“安静安静！”也不是盖不住他们的嘈杂，只是，持久性太差，身体受不了。

其次，我采用唐僧大法——絮絮叨叨地教育。“孩子们，如果不安静，老师就无法讲课，如果老师勉强讲课，你们就听不清；如果长期下去，老师烦了，就发挥不出上课水平；如果长期如此，损失的就是你们……”这群孙猴子，连让我絮叨完的机会都不给我。

孙猴子后来是怎样对唐僧服服帖帖的呢？《大话西游》里面，我记得是悟空自己心甘情愿戴上了紧箍咒。

乱哄哄的课堂上，我心平气和地说：“我想给大家讲个故事。”

“有一次，苍蝇找到了上帝。苍蝇愤愤不平地说：为什么同样是说话，人们都烦我，却那么喜欢喜鹊？他不也是整天喳喳喳？”

在相对安静的教室里，我顿了下。

“如果你是上帝，你会怎样回答？”

一个机灵的小男孩站起来：“苍蝇，你多烦人，还有细菌！”

一个大高个站起来：“你们叫得难听，喜鹊叫得好听。”

“上帝说，你整天嗡嗡嗡，说的话全是废话，有价值吗？‘喜鹊叫，好事到’（掩嘴笑：上帝貌似是中国人），喜鹊的话句句都叫到人们心里去了，你能比吗？”

教室里忽然安静下来。

“课堂上不是不允许你们说话，可是要看你们说的是否有价值。以后，希望你们做喜鹊而不是苍蝇。”

又上课了。嗡嗡嗡嗡……我忍住怒火，大声地说：“我很高兴，今天貌似苍蝇比以前少了哦！”果真就少了些。

又上课。嗡嗡嗡。“我很高兴，今天的苍蝇又少了哦。”事实上果真如此。

再上课，嗡嗡。

上课了！嗡。

下课了，我高兴地说“今天，我真高兴！因为一节课下来，居然一只苍蝇都没有！”

……

“今天，我真高兴，因为午休时间班级日志上违反纪律的名字居然比以前少了一行！”

“今天，我真高兴！因为今天晨诵时间，英语老师居然说大家自觉背英语了！”

“今天，我真高兴！因为今天大扫除，很多同学都抢着干活！”

“今天，我真高兴！因为今天升旗的时候，我发现我们班居然是站得最齐、最安静的班级！”

我不说我为了减少班级日志上的名单，挨个地找那些常客单独击破，我不说我在晨诵前单独找了几个听话的女生领诵，我不说我当着几个人的面奖励那个主动承担擦玻璃的女生一根棒棒糖，我不说升旗的时候我来回巡视。

我只说：“今天，我很高兴！因为……”后面的我就在班里拿着放大镜挖空心思地补充完整。

今天，我真的很高兴！因为一切正朝向我满意的方向走。

悟空为什么心甘情愿戴上紧箍咒？在唐僧爱护他尊重他的前提下，他懂得了自尊，他顿悟自己需要外界的力量来约束自己，于是，唐僧不再絮叨。悟空，等你得道成仙，紧箍咒自会脱落。

契约记

升入六年级以后，孩子们忽然“成熟了”，课上都商量好似的，一个比一个嘴紧，谁也不发言。偶尔有几个发言的，似乎也被吓着了，小心翼翼。

怎么办呢？

我先语重心长谆谆教诲：会，不发言，和会了发言是有区别的……（说教略）甚至考虑到他们是不是过早成熟，考虑到在异性心目中的形象，还大讲自信之美，落落大方之美。无效。

于是我大发雷霆：“写说明书：我为什么不发言？不少于五百字！”

交上来的说明书里，个个认识深刻，情真意切。可是课上，仍旧沉默者居多！

我都疯了！

恩威并施：写保证书，发言十次，不，五次奖励星星一颗，攒够星星换奖品！

开始还略有效，可渐渐地，他们都懒得领星星了！果真“成熟”到“淡泊名利”的地步了。

我投降还不行吗？！

更可气的是，那几个以前就不认真写作业的孩子，更上一层楼，淡然镇定地面对我的批评，扣星星又不行，他们都欠我好几颗了！

又有几个熊孩子午休时间不睡觉，嘀嘀咕咕，还不服班委管。

我忍着打电话见家长的冲动，专家说叫家长是无能的表现，我可以不信专家的言论，可自以为成熟的孩子们也这样认为啊！

山重水复疑无路，柳暗花明又一村。

下周开家长会。

我灵机一动，一定得好好抓住这个契机。

我在班会课上说：“家长会上我必须向家长汇报我们班集体的进步和不足，当然，家长感兴趣的还是自己的娃，所以我必须如实向你家长汇报一下你的具体情况。比如，上课几乎不发言，却光趁老师不注意嘚啵嘚乱说话；家庭作业每次都应付，有的不写，书写潦草，第二天的字没法看；午休时间光说话……”

我看他们的眼睛呈现出失望的神色，他们都沉默了，恨我的无情，又拿我没办法的样子也怪可怜的。

我顿了顿：“但是，你们还有第二个选择。”

十几双小眼睛噌的一下变亮。

“和我签个合约，如若不想我如实向你家长汇报，给我‘封口费’！别误会，不要钱，你给我保证你能做到哪些，以及如若做不到的后果。要是你的条件够丰厚，让我又动心又相信，我就闭口不言。如若来空头支票，家长补会，你的‘罪行’加倍。”

下面就是我课下收到的各种契约。

第一张是小赵同学的：“老师，我平时嘴碎，课上免不了和人说话，提问的时候我又太内向不发言。中午午休，我也忍不住和别人嘀咕几句。我闲话少说，直奔主题：这些不准说。我开的条件是：改，全都改，一定改！”

果然嘴碎。

第二张是晓敏同学的：“老师，既然你开条件，我就不客气了。我上课不发言的事情不准说了，条件是以后发言，每节课至少发言两次。”

开门见山，利索！

第三张我辨了好久才知道是小周同学的：“老师，我家庭作业书写不认真，听写的时候错得多，不要说了，我以后认真写，争取不让字飞起来，争取听写错十个字之内。”

小周，我们每次听写不过十多个词语，你承诺我错一半……何况，看完你的字我的眼睛都累酸了！你的字好像好多只小鸟起飞，真晃眼啊！小周，你的字已起航，可信度低。

第四张：“老师，我妈妈对我要求很严格，要是知道我上课不发言，听写出错多的话，会喋喋不休，而且会动员大部队来攻击我！求求你放过我，我会好好地学习！”

处境可怜，条件不高。念在让我看完莞尔一笑的分上，准！

第五张：“老师我以后上课一定不刮说话你提问的时候我一定急极回答听写的时候我争取错的少一点。”

态度不错，错字太多。无标点，可见其急切。

第六张：“老师我以后上课不乱说话，积极发言，午休保持安静，家庭作业我认真做，听写争取错得少一些……”

亲爱的小聪，话说，你集所有错误于一身，万一你家长问我，我说你什么好？老师做不到啊！！

……

面对这些条件诱人的契约，我喜忧参半：我是选择相信他们呢，还是理性推断他们只是缓兵之计？

窗外有风吹过，暖得像妈妈的手。春天来了。记得诗人们说一年之计在于春，说春天象征希望。

好吧，熊孩子们，我选择相信你们，我愿意给你们一个机会，也给自己一个机会，我愿意相信爱和宽容的力量。当然，我也做了失败的准备：万一你们不遵守约定，我要好好跟你们谈谈关于诚信的契约精神。

无形的收获

进来忽然发现班里秩序大不如从前：晨读时间班里乱哄哄的，班长居然坐视不管；课间操后面几个男生张牙舞爪，做群魔乱舞状，体育委员居然视而不见；班里几个学生作业不按时上交，课代表居然不闻不问……

以前不是这样子的。

叫来各部门“分管领导”，我细细查问。

几个女生噘起小嘴，很不情愿地告知我要的实话：“除了得罪人，还有什么好处？”

我听了以后，没有责备她们。

我陷入沉思中。

几个班委回去了，我一个人坐在桌前，静静地思考：在这个凡事都讲究成本和效益的经济社会里，一味地要求孩子们讲奉献、负责任，的确有难度。扪心自问，我们成年人能做到的有多少？可是因此就放弃对学生的正面教育，显然不理智。有些品质，愈是缺少，对这个社会反倒愈是弥足珍贵。

可是怎样教育他们呢？单纯的说教很显然没有说服力。冥思苦想，计上心来。

第二天班会，我笑吟吟地走上讲台，对全班同学说：“假如我们大家现在坐上了时光飞船，来到二十年后。同学们，你们多大了？”他们很兴奋，高声地吆喝：“我们三十四岁喽！”“是啊，正是事业有成的时候啊。如果我们的班长管恒硕想做一笔大生意，可是资金不足，想寻找投资者或者合作者，在座的各位，谁愿意给他投资或者和他合作？当然，他挣的钱必须和你们分红。”话音刚落，十几双小手毫不犹豫地举起来。略加思忖后，又有几十双小手加入其中。我看见几个女生对视，很显然不好意思举手。我就鼓励她们：“二十年后，大家都是成年人了，投资或者合作，主要是看他值不值得你信任，只要觉得他靠谱，能让我们也跟着赚钱就行喽。”几个女生相视一笑，也不约而同举起了手。

一分钟后，我让菅恒硕站起来统计一下他的投资者和合作者的人数。很显然小家伙很激动，小脸红扑扑的，数完后很兴奋地报数：“41 人。”全班 44 人，去了他自己也就是只有两人没举手。我趁机问他：“感觉如何？”他有点羞涩地说：“很高兴！我一定不辜负大家的信任，好好做生意！”小家伙很入戏。

我又问道：“和菅恒硕是好朋友的举手？”这一次人数不多，也就七八个男生。

我就问刚才犹豫的一个女生：“你为什么愿意和他合作？”

女生脱口而出：“我信任他呀。”

“你为什么信任他？”我继续追问。

女生稍一思考，说：“他当班长都这么负责，认真，而且事事为班里考虑，我觉得他值得信任。”

“就是啊，”我接过她的话，“正是因为菅恒硕平日的一言一行，才奠定了他值得别人信任的基础。即使你不是他的朋友，可你仍然相信他的人格魅力。这就是他做人最大的成功。想想，平时我们对班里的默默付出，虽然没有即刻的回报，可是，却奠定了我们在别人心目中的形象。有别人对我们的信任，还愁做不好大事情吗？”

班里安静得出奇。我继续补充：“相信自己，有些付出虽然不会立竿见影，可它会给你的人格魅力增加指数，有这些无形的收入，关键时刻，你还愁不成功吗？”

我又说了一句：“倘若你坚持正义的事情，即使得罪别人，可别人仍会信任你。这就是做人最大的成功。没有人会让所有人都喜欢自己，可当一半以上的人信任你时，你就成功了。”

孩子们，虽然你们沉默，可我知道，一定有些什么，比如公正、责任、诚信、奉献等，会在你心里悄然扎根。我盼望这些东西能在你们幼小的心里生根发芽，直至长成参天大树，蔚然成荫。

安静的早晨

因为坐校车的缘故，孩子们每天到校的时间不一样，虽然给早来的同学布置好了晨读的任务，但早来的他们总是叽叽喳喳，教室里嘈杂一片。

于是我提出来一个“静晨活动”：早来的学生安安静静地读书。

可是，效果却很不理想。有的同学还是一进教室就自带音响效果，然后，你影响我，我带动你……

纪律委员手拿小教杆，来回巡视，无奈按住葫芦起来瓢。于是每个小组选个纪律组长，可是几个纪律组长哭哭啼啼找来了：老师，某某我管不了！

不就是安安静静读会书吗？怎么就这么难？这样的凝聚力都没有，算什么集体呢？保持安静的能力都没有，学习上怎么潜心静思？

我倒想看看，是谁一进教室就喧哗，是谁没有自控力跟着喧闹！

那天早上，我第一个来到教室，坐到了最后一排一个不起眼的位置。

第一个进来的是贾同学，他看到我安静地坐在那里，愣了一下，就赶紧坐好，拿出书安静地看起来。

第二个进教室的是爱说话的小云，她一进门，就大声地和贾打招呼，随即看到了我，立刻噤了声，不好意思地坐到自己座位上。

第三个进来的音响效果极好：雄赳赳气昂昂地唱着歌进来。刚唱了一句，忽然觉得不对劲，看到了我，就立刻做个鬼脸，紧闭了嘴。

第四个，第五个……

后面的几个，一进教室，可能被那种安静的氛围感染了，自觉就进入安静状态了。

看着十几个安静读书的孩子，我心里一喜，忽然改变了抓坏典型的想法。

我走到讲台上，拿起粉笔，在黑板上写下几个大字：静晨，我们在行动。然后，我另起一行，写下安静读书的十几个学生的名字。

后来，无论谁走进来，都安静地走到自己的座位上，安静地读书。

教室里就一直这样安静。

或许，这样的早晨不会理想化地永久维持下去，但是，我找到了一个比压制更好的办法：激发孩子们内心的美好，远比压制他们的缺点力量大。

虽然……但是

课间操进行队列队形训练。可能很久没有正规地练习了，队伍有点散乱，而且各个精神状态极差，松松垮垮的动作出卖了他们的心不在焉。

于是，我该出场做示范了。

我才不说我在学生时代每逢军训都是被教官单独叫出来做错误示范的那个呢！

我也不承认每次晨跑体育委员都会跑到我身边吼："你的脚，出错了！"

于是，我昂首挺胸，双手紧贴裤缝——嗯！这一点我个人认为很重要！贴紧了裤缝全身就绷紧，四面转体就不会手甩来甩去的像少爷赶集了。

自我感觉精神极了！

然后强调精神状态：昂首挺胸，你是一个时刻准备上战场的战士！不能懈怠！

第二遍，我真不想承认什么也没改变这个残酷的现实。向后转的时候，有个女生似乎大梦初醒，竟然是从左边转过去的！

我忍住失望，大力表扬：虽然刚才走得仍旧不整齐，转得也不标准，但是！我声音提高了：刚才的精神状态，好极了！

忽然就看见他们中几个耷拉着头的立刻抬起头来！有几

个得意地笑了笑。

来！何晓源出列！给大家来个示范！

晓源是我们班气质极好的女生。因为练过舞蹈的缘故，那个小体形，往这里一站，那个美！简直是视觉享受！

晓源表演完毕，我进行了恰如其分的点评：你看她做得为什么这么好看？除了她长得俊，体形好，关键是她动作到位，全身处于适度紧张状态，所以做出来的动作才规范、好看！我们班男生女生中都有这么帅这么漂亮的，所以，我相信你们也能做得这么好看！

晓源信心百倍地归队了。

这一遍果然精神状态大有好转！

“我就知道我们班的特色：关键时刻不掉链子！这一遍和第一遍比，进步太大了！出乎我的意料啊！”

……

就是得不断地端个放大镜，不断地“甜言蜜语”，人家训练本来就够累了，总不能老是打击。

反正，最后一遍，我是真的很满意！

虽然你们自律性差，老爱说话，但是，你们聪明啊！

虽然你们上课沉默下课欢，可是，沉默不代表不会啊！

虽然你们老惹我生气，但是我生气后责骂你们，你们不顶嘴啊！

虽然你们无论做作业还是考试错的题都是我絮叨一万遍的，但是，但是……我想想……你们情商高啊。

生活虽然千疮百孔，可是，仍旧是一袭袍子，即使爬满了虱子，可是寒夜里，仍旧指望它温暖你。

我接受“虽然”，因为我知道生活不会美得像诗，但是我更喜欢它的小伙伴：但是。我相信，生活在给我一个白眼后，一定会随之冲我笑笑：那个媚眼就在“虽然”以后，藏在“但是”之中！

悦纳自己，欣赏别人

开学才几天，我就发现班里有个不好的现象。

起初是几个班委来找我诉苦，说管不了某某们，他们都不服气。我叫过来某某们刚一问，噼里啪啦全是班委们的错。

后来我发现，即使是很优秀的几个孩子，一旦犯错，老师刚说几句，他们也一样流露出不服气的神态，言语之间，怨天尤人，从不反思自己的过失。

我不禁反思：孩子们生活在爱的海洋，他们缺少正视自己缺点的勇气，也缺少欣赏别人的能力。

上课了。我每人发一张洁白的A4纸，郑重其事地说："我们要进行一个心理测试的游戏。"他们一脸好奇。

"接下来的环节，一定让自己完全投入其中，你面对的是真实的自己，所以一定要真实作答。"

他们立刻神态郑重。

"先写下你的姓名。"我尽量把语气放慢，放轻柔。"细细打量这两个或三个平凡的汉字的组合，想象你的父母，爷爷奶奶等，他们为了这两个或三个汉字绞尽脑汁，你的名字里寄予了他们什么样的美好祝愿？请把你的理解写在名字的后面。"

教室里难得的安静，一张张小脸陷入沉思。

"你慢慢长大，长成了一个有思想有个性的生命个体，你身上有别人无法替代的优点。实事求是地写下你身上的优点，越多越好！”

一阵小兴奋。有的孩子一边写一边摇头晃脑，甚是自得。

“当然，人无完人，即使你不愿面对甚至不愿承认，可是你身上也有缺点，敢于正视自己的缺点是一种可贵的勇气。写下你的缺点。”

沙沙沙，略一沉思，教室里响起写字的声音。

“写下班里你最欣赏的同学的姓名。”一阵小议论：“最欣赏？”我解释：“就是你觉得最出色的传说中的‘别人家的孩子’。”

一阵低笑。写完后他们抬起头。

“然后，写下他的优点和缺点。”

有点小混乱。然后就安静下来，他们仍旧很认真地作答。

“再写下班里你最厌烦的或者最轻视的那个同学的姓名。”

异常的安静。有几支笔悬在空中。有的小女生用手掩住了答案。“这份测试你保留，老师不会看。你诚实写下即可。”

悬着的笔，有的落下了。

“下一步，是关键的时刻。写下他的优点。”

出现了几张有点诧异的小脸。

“如果能超越感性，理性地认识别人，那才是成熟的表现。”

似乎还有笔悬在空中。

“如果你能做完这一步，最起码证明你已经及格了。”我轻轻地补充。

“最后，仔细看你的测试，从开头到结尾。此刻，你有哪些想法？写在 A4 纸的反面。字数不限。”

教室里安静极了。

午后的斜阳，透过暖色调的窗帘，柔柔地反射在教室里。那些小脸，在温暖的阳光的笼罩下，充满了庄重和神圣。

孩子，当你们写完，我多么希望你们的领悟能如我所期望的那样：

正确认识你自己：你是独一无二的，你的优点别人无法复制，当然，你也要正视自己的缺点。所以，以后的学习和生活，不要妄自菲薄，也不要目中无人。

正确认识别人：无论你眼里优秀的人还是你鄙视的人，当你清除自己的有色眼镜，理性地去看待，你就会发现人无完人，不要盲目崇拜别人，更不要侮辱践踏别人。

亲爱的小孩，愿你今后的学习和生活中，在一个团队中，学会悦纳自己，更要学会欣赏别人。这样的你，才能像一颗宝石：既熠熠生辉，又不灼伤别人。

跟着蜜蜂采花蜜

晨读的时候，值日班长领着大伙儿集体晨诵，我站在门口，听着琅琅书声，蛮享受这太平盛世。

9 月晨诵的是关于秋天的古诗词，这些内容都是我精挑细选的，有五首古诗词，两首现代诗：汪国真的《我微笑着走向生活》和徐志摩的《秋思》，还有一篇罗兰的散文《秋天》。

我打断了集体诵读，选了刘禹锡的《秋词》给他们讲解：

山明水净夜来霜，数树深红出浅黄。

试上高楼清入骨，岂如春色嗾人狂。

我结合每天必经的人工湖讲诗句：远山隐隐绿水迢迢，两旁的树有深绿、有淡黄、有紫红，结合上班时凉风入骨的感受……

然后让他们自己诵读，待会选取自己喜欢的一首展示一下。我还强调：名额有限，抓住机会哦！

然后又是一阵此起彼伏的读书声。

但是，轮到名额有限的展示时，举手的照例只是那三四个学生。

“背不下来的，可以朗读。”即使要求下降到朗读，那些面无表情的脸，还是不肯举手。

无限失望涌上心头。

真的不知哪里出了差错，为什么连“读”都不屑于了呢？

那些兴高采烈高高举手的小孩子哪里去了呢？这就是所谓的成长？真不了解他们所谓的“成熟”是什么含义。

我一下子被消沉的心情奴役了。

课文也懒得继续讲——上节课不也是我一个人唱独角戏？问到木头市（方言，专门卖木头的市场）一样，面对一根根柱子讲课的感觉真沮丧。

既然你们那么喜欢沉默，那就做练习题吧。

下课后，心情还是不好。回到办公室，拿出小源同学送给我的《愿你每天春暖花开》，随意一翻，看到一篇《坚持》：一位七十五岁的老人爬山，同行者知道山顶不过一座破庙而已，都停下了脚步，唯有他坚持爬到山顶，在爬山的过程中，他看到了一只蹲在石头上的小松鼠，看到了一棵像两个贴面拥抱的人一样长在一起的树，看到了刻在石头上的诗句。当然，爬到山顶，果然就是一座破庙。

再去上课，我先给孩子们读了这篇文章，然后谈了自己的看法（让他们谈，又是死寂一片）：

“有时候我们坚持，可能不是为了终点的风景，而是为了见证一个全新的自己：原来我可以爬到山顶。在坚持的过程中，你会看见别人看不到的风景。孩子们，我们应该有所坚持，小到爬山，大到学习和生活：我坚持努力学习，不是为了非考第一，就是为了证明我可以不断地变得更好。我坚持回答问题，不是为了讨老师喜欢，是为了锻炼自己的勇气和能力。我坚持阅读，坚持写作，是为了让自己变得更美好。我坚持宽容，即使被恶毒伤过；我坚持正义，即使被邪恶伤过。我最喜欢的一个成语是‘大智若愚’，真正的大聪明，在庸俗的人眼里，就和傻瓜一样。但是，耍小聪明的人，终将‘机关算尽，反误了卿卿性命’。做个单纯的人：我努力学习，我积极回答问题，我坚持所有美好的品质，就是因为我想让自己变得美好。我不考虑别人的闲言碎语，因为我觉得自己不行动，却对别人指手画脚说三道四，那是最庸俗无聊的事情。‘跟着蜜蜂采花蜜，跟着苍蝇找屎吃’，我们班不是有很多蜜蜂？为什么不跟着他们采花蜜呢？为什么那么在意苍蝇的嗡嗡嗡呢？”

我一鼓作气，滔滔不绝，说者兴奋，听者也认真。

“每个同学都在心里问问自己：是做一只采花蜜的蜜蜂呢，还是做一只不行动只会说三道四的苍蝇？”

这节课已经过去三分之二了，恐怕也没法讲课了。

“拿出随笔本，写写你此刻内心的想法吧。”

安静的教室，只听见沙沙沙的写字声，我看着一张张俯首认真写作的小脸，我多么希望，下一节语文课，教室里到处是采蜜忙的小蜜蜂。

我让他们读读自己的想法。小手举起的难得多。

桑然读到：“我以前上课不敢举手回答问题，除了因为不自信，还受到其他不举手回答问题的同学影响。我安慰自己：那么多人不举手，我有什么惭愧的？可是今天听了老师的话，我为自己惭愧了。我为什么不跟着小袁、雪雪他们学习呢？他们每次课上都自信、积极地回答问题，他们就是我心里的蜜蜂，今后我要跟着他们采花蜜。”

内向的王源举起手：“我其实想举手，那些问题我都会，我也想把自己的想法在课堂上大方地讲出来，可是，我担心自己讲错了，他们嘲笑我，说我出风头。现在，我坚定了自己的信念：跟着蜜蜂采花蜜，不在乎苍蝇的说三道四。”

教室里响起热烈的掌声。

小袁举手。他就是传说中别人家的孩子，同学们公认的“蜜蜂”。“其实我也很有感触！课堂上我很积极、自信，可是生活中有时候我很在乎别人的眼光，有时候我想做自己，可是总怕别人说三道四，畏手畏脚地不敢做内心的自己。今后我也要勇敢一些，做内心喜欢的那个自己，只要我坚信没做错，就不在乎苍蝇们的嗡嗡乱叫。”

果然是别人家的孩子！有见地地从学习引申到生活，我还有必要再补充什么吗？

台下仰起的一张张小脸，眼神里似乎多了一些自信和笃定。

我在心里默默地为你们祈祷和祝福：世事难料，人心浮躁，愿你不迷茫，愿你不彷徨，愿你内心坚定从容，愿你心里永远有只小蜜蜂，愿你追随着它，采生活的蜜，酿永远的甜。

孩子，让我们拒绝“老三哲学”

今天做了一篇议论文的阅读理解：《老三哲学》。

作者以奥运比赛为例，认为奥运会上做老大，树大招风，承担的责任太大；老二，虽然有发展空间，但总会有“饮恨”的感觉——如若多一点运气和努力，也就成第一了；老三呢，最快乐，压力小，与老四相比，幸运之神光顾了自己。老四就惨了点，与奖无缘，最沮丧了。于是由此得出了人生的四种哲学。

看了这篇文章，总觉得不太舒服。但作者的论述有理有据，似乎也无可厚非——现在不是提倡心平气和吗？凡事看开些。

在给学生看试卷的时候，我终于明白我不喜欢的原因了。

题目之一：“关于本文提到的四种哲学，你最欣赏哪一种？结合自己的生活经历谈谈自己的认识。”

所有的学生，无一例外，都喜欢“老三”哲学！——又有奖，又轻松，多好！

平日阅卷，我对这种主观性的题目看得很松，只要学生有自己的看法，理由充分，基本就给他满分。

可是这一次，无论答得多么充分的学生，我都给他扣了一分。

在讲评试卷的时候，很多学生疑惑这个题为什么扣一分。

我对他们说：“因为我不希望大家做轻松自在，名利双收的老三。如若因为责任重，压力大谁也不愿做老大，那奥运会上，我们便会与金牌无缘。可大家想想，历届奥运会上，有多少人会记得亚军和季军的名字？如若在一个国家和民族中，谁都不愿做‘老大’，那么这个国家靠谁推动发展？做老三固然可喜，可那也只是一种狭隘的喜悦，只为自己。”

学生陷入沉思。

我继续说：“谁都希望自己的一生平稳安逸，可是因为惧怕挑战，逃避压力，就不敢去争第一，那样的人生算不上无怨无悔，更谈不上辉煌；凡是做了，只得了个第二，就怨天尤人，甚至嫉妒诋毁第一，这样的人算不上坦荡；而我最不喜欢的就是‘老三’：付出得恰到好处，得到的却样样不缺，多么实惠的人生！可是，我不希望大家做这样精明的人，我希望大家凡事拼搏，竭尽全力，即使失败，也败得心甘。”

教室里更加沉默。

孩子们，让我们拒绝“老三哲学”。不要抱着做“老三”的态度，度过紧张有意义的青春岁月。你们是祖国未来的建设者，以后的人生中更不能信奉“老三哲学”。人生即使是奥运会，也不能只讲究名利的实惠，奋力拼搏，无怨无悔的一生才是成功的人生。

当然，孩子们，等你们老了，就像四季一样，有了春的绚烂，夏的热烈，秋的收获，才能在冬天做个悠然自得的老三。

我在心里默默地说。

最合理的安排

那天听的是一节活动课：如何合理安排时间。

教师设计得特别合理，先让学生起立，站立一分钟。学生在莫名其妙中自然感觉这一分钟漫长，然后再让学生自己陈述一分钟都能做什么，通过教师的精心设计，让学生意识到珍惜时间的重要性，最后让学生自己设计晚上最合理的时间安排。

小组之间讨论得不亦乐乎。

几分钟后，教师让各小组派代表展示本小组最后的讨论结果。

第一个上去展示的是个干净利落的女生，她把本组经过讨论制定的时间安排表放在实物投影下，屏幕上立刻出现了一张密密麻麻的时间表：

18：30—19：00 吃晚饭

19：00—20：30 做作业

20：30—21：00 听英语

21：00 睡觉

“全班同学对他们组的安排有异议吗？”老师问。

全班一片寂静。

第二个小组上去展示：

18：30—19：00 吃晚饭

19：00—19：10 散步

19：10—20：30 做作业

20：30—21：00 阅读

他们小组还有人得意地补充了他们这样安排的原因：“‘饭后百步走，活到九十九’嘛。”同学们都在信服之余哄堂大笑。

其他小组的展示大同小异，在所有小组合理的安排中，从放学到睡觉，几乎没有一分一秒是虚度的，每个时间段环环相扣，很充实，很紧凑，当然，也很科学。

可是，我却总感觉这些安排缺些什么。

我在想：“孩子，你真的认为这样的安排最科学最合理吗？玩耍的时间呢？看电视的时间呢？和父母、爷爷奶奶沟通聊天的时间呢？”

我当然也理解你们的无奈：作业必须完成，睡眠必须充足，英语听力必须按时听，课外阅读才能增大知识量，必须跟上，甚至业余学的钢琴、小提琴、架子鼓，等等，也得练习，否则就输在了人生起跑线上……

可是，孩子，面对你密密麻麻的安排，我有点心痛：这就是你全部的课余生活吗？没有休闲，没有娱乐，没有沟通……长此以往，你们还会保持对生活的热情和对学习的浓厚兴趣吗？

时间最合理的安排究竟是什么？这恐怕是哲学家也回答不了的问题。就像我们对幸福的理解不一样，它的答案没有标准。可是，我想，合理安排时间应该包括有张有弛，应该涵盖生活情趣，学习和事业是生活中重要的一部分，可它们不是生活的全部。我们的生活充满七彩的阳光，应该合理安排上享受生活、分享快乐等内容。

其实这个命题不仅是孩子必须面对和学会的，我们成年人也往往在自作聪明中定制一份自以为最合理的人生规划。不是吗？还是让我们和孩子一起学习如何合理安排时间吧。

孩子，你该学会的是自律

孩子们，我看到你们现在学习很辛苦，但学习的心境很不一样，有的乐在其中，有的不住抱怨，有的目标明确，有的浑浑噩噩。孩子，我很想跟你讲讲我在国庆假期的一段际遇。

在国庆期间，我很意外地遇到了两个往届的学生。

首先遇到的是小斌。

我当时正在买馒头，转身离开之际，看到了他。他当时正骑着摩托车，穿着一身蓝色工作服，车后还带了一个挺着肚子眼看要做母亲的女子。虽然他别着脸，可是，我还是认出了他，主动和他打招呼时，我看到他有些尴尬。

我知道他为什么尴尬。

上中学时的小斌，是个既聪明又阳光的大男孩，性格开朗活泼，还是班长，为人处事周到细致，很讨老师喜欢。我也很喜欢他，因为他情感细腻，作文写得很棒。当然，他的缺点也很明显：学习自律性差，吃不得苦。我记得临近毕业时，他还曾找到我，因为学习压力大，大哭了一场。当时我只是很心疼他，安慰了他几句，无非是让他调整心态。当然，因为他的聪明，在学习上即使他只是被动地接受老师的安排，再加上整个大环境的紧张压抑，毕业时，他还是以一个优异的分数考进了县里的重点高中。

我一直觉得，以他的基础和智力，在高中也应该成绩优异，应该以一个理想的分数迈入一所理想的高校。

可是眼前的他，脸上有些沧桑，全身落满了灰尘，颇有些落魄。

简单的交谈，我知道他在附近一家私有企业做毫无技术含量的体力工作。

看着他离去的背影，我有些失落，倒不是我瞧不起体力劳动者，而是觉得，以他的智力，前途应该比目前好一些。

后来遇到一个在县重点高中任教的同学，交谈之中我很失望地提到了小斌，她一听，立马说："我认识他！这个学生入学时成绩很突出，老师们都很看好他。可是后来，他学习很不刻苦，沉迷于网络，早恋，旷课，逃学，被学校多次点名批评，老师们对他既失望又惋惜！"

"可是他在初中的时候，表现一直很优秀呀？"

同学意味深长地说："初中老师像奶妈，不住地喂学生，他只需张开嘴吃就是了。可到了高中，甚至到了社会，凭借的可就是自律性了。一个人如果不能很好地约束自己，放任自己，随波逐流，即使聪明，结局也很凄惨。"

听到这里，我更失落了。

遇到的另一个学生是小坤。

他很小的时候，母亲去世，父亲再婚后，就把他寄养在小坤的姑姑那儿。姑姑年迈，两个表哥除了赡养老人，还得照顾他，自然是给不了他太多的温情。印象中小坤一直很沉默寡言，学习起来刻苦的劲头近乎拼命。因为营养跟不上，他一直很瘦弱，有时候看他近乎自虐的学习劲头，老师们都忍不住心疼地劝他，可他总是担心考不上高中，——那就意味着他求学的道路终止了，所以从不松懈。这个智力一般的孩子，就是凭着这股劲头冲进了县重点高中。

再后来就很少有他的消息。

我是国庆节回老家的时候遇到他的，他的家和我临近，他听姑姑说我回来了，就来找我。

看到他时，还是一样的瘦弱，但是眉眼之间多了些自信，整个人看上去儒雅大气，很是见过世面的样子。

交谈中得知，他现在在北京师范大学读硕士，高考时考入的大学不是很理想，就一直憋着劲考研，而且，大学老师很青睐他，学校保送他读研，后来的导师很欣赏他，就推荐他继续深造。

正交谈，他的表哥来叫他回去吃饭。他表哥很赞赏地对我夸他："这孩子有志气，肯吃苦，大学四年，靠自己打工养活自己，几乎没向家里要一分钱！人家老师就是看中他能吃苦，稳重，才推荐他的。对了，他在上大学的时候，就入党了！"

看着他表哥一脸的骄傲，我从心里为这个孩子鼓掌！他终于凭借自己的努力，为自己打拼出一片自己能掌控的天地。

孩子，你听我讲完这两个学生的际遇，你能受到一点启发吗？

学习，不要把它当作应付老师和家长的事情，那是你改变命运的武器。

学习，学的不仅是知识，更主要的是在学习的过程中历练自己的品性和毅力，这才是以后生存中的法宝。

学习，不仅仅靠别人的督促，更主要的是靠自律。

做一件让世界更美丽的事情

铃声响起，我去班里上课。看见一楼有个孩子，穿厚厚的棉袄，背着大书包，慌里慌张往班里跑。即使一个人，他也很规矩地沿着那根白线走（学校为了让学生规范行走画出来的），而不是走捷径。

课上，我给孩子们讲了绘本故事《花婆婆》：爱丽丝是我的姨婆，她小时候想像爷爷那样生活：年轻时候四处旅游，老了就住在海边的房子里。爷爷说，还有一件更重要的事：做一件让世界变得更美丽的事情。

小姑娘爱丽丝慢慢长大，乃至变老，前两件事轻而易举地实现了，可是怎么让世界变得更美丽呢？

爱丽丝买了很多鲁冰花的种子，种在了她经过的每个地方。春天来了，空地上，学校前，教堂后，处处开满了美丽的鲁冰花。人们都亲切地叫她“花婆婆”。

“我”也想像姨婆那样生活，可是我不知道第三件事怎么做。

于是，我问孩子们：你们知道怎么做一件让世界更美丽的事吗？

靖博麟反应最快：“我要和每一个同学友好相处，他们有困难我就帮助他们。”

我表扬他：“因为你的友爱，世界会变得更美丽！”

张桐绮高高举起小手：“我看见大孩子欺负小孩子，会去劝他。”

“正直的女孩真棒！”

韩秉岐说：“我长大了当医生，救助很多人！”

“嗯，希望你是个医术好医品高的好医生！”

马硕辰说：“看花灯的时候，有人去摸灯，我告诉他们那样很危险。”

王冠宸说：“我会制止摘花的人。”

景铠衍说：“我要爱护树木。”

咨序说：“不要浪费纸，因为那是树木做的。”

滕泽浩要做一个护林员。

我高兴地说：“因为你们的存在，世界会花红柳绿，更美丽。”

袁梓豪说：“吃饭的时候，老人不动筷子，我们不能先吃。”

赵文昊说：“大人说话的时候，小孩子不能插话。”

……

世界会因为你们良好的家教变得更美丽。

台下那么多双眼睛，一闪一闪，让我看到一个更美丽的世界。

下课了，一个男孩子坐在地上抹眼泪。

我走过去询问，他委屈地说：“他碰倒了我。”

我顺着他的手指，找到了“罪魁祸首”：他一脸茫然地看着我们。

“你碰倒了他？”

“嗯。”

“你该怎么做？”

他挠着后脑勺，真诚地说：“对不起！”

孩子立刻起身：“没关系！”眼里还闪着泪花。

多么单纯而又美好的处理方法啊！

面对自己犯的错真诚地道个歉，你不小心伤害到我，我只要一个“对不起”。

微风不燥，阳光正好。我想起那个沿白线走路的小男孩，想起课堂上孩子们美好暖心的回答，想起那两个用“对不起”“没关系”就轻松解决问题的孩子。

这个世界会变得更美丽吗？

答案毋庸置疑。

建麟和他的长寿花

建麟有点内向。

有一次周六在街上遇到他和奶奶，他问我在哪住，我告诉他后，随口说“有空找我玩啊”。于是每周五他都问我手机号，而且还让我给他写到纸条上。可是，没有一次接到他的电话。

为了美化教室，建麟贡献给班里一盆花。每次下课后，他都走到被别的学生包围的我面前，悄悄拉住我的手，说：“看看我的花，又长了！”

那是一盆不起眼的花，种在一个用洗发水瓶子改造的所谓的盆子里。枝叶很长，但很孱弱。明显营养不足的样子。

说实话，和那些种在漂亮的花盆里的娇艳的花相比，它很不起眼，微不足道得有点卑微。

可是这是建麟的骄傲和希望。

建麟这孩子，家庭有点特殊，父母感情不和，自小跟着奶奶。所以学习起步较晚，别的孩子拼音、识字在开学之初都略有基础，只有他是零基础。所以他学习有些吃力，课上从不发言，眼神里写着胆怯、不安。

他每次看完，都无比期待：老师，什么时候开花？

看他期待的眼神，我就安慰他：“天气暖和了，它就开花了。”

寒假前，忙于复习，一年级孩子的淡定和我的焦躁不安碰撞出不少火花。

天气似乎一直没变暖，反倒一天冷过一天。

终于考完试，放假了！

建麟的花似乎没有开。

建麟的成绩倒数第一，他有些难过，我也只能摸摸他的头低声安慰：“加油。”

开学了，天暖了。

又是马不停蹄。

今天下课，建麟忽然对我说：“老师，我的花开了！”

他拉着我的手走到花前，果然，几朵细碎的小红花在枝头悄然绽放。

我们很惊喜地看着它。历经一个寒假，有些忘记拿回家的花因为寒冷和干旱凋谢枯死了。

“老师，它叫什么花？”

我一时愣住了，这种常见的花似乎并不名贵，办公室里就有两棵，我家里也有一盆，可是我从没在意它的名字。

“我问问别人，再告诉你吧。”

下课先请教了潘老师，知道它叫“长寿花。”

上课我问到一个问题，建麟举手。我惊喜地提问了他。

他回答高声而又准确，我大大地表扬了他。

下课后，我告诉他：“你的花叫长寿花。”

建麟问我：“为啥叫长寿花？”

“因为它不管条件怎么艰苦，即使被人忽略，可是，天气暖和了，它依旧会开出美丽的花，而且，花期很长。”

我不知道建麟懂不懂，我也不知道自己的解释是不是牵强附会，可是，我希望我俩都知道：每一朵花都会绽放，不管条件怎么艰难，不管早晚，它终有一天会开出美丽的花。

我们的故事

一张试卷

一次带儿子在广场闲逛，碰见了一个毕业多年的学生，面目依稀记得，只是名字一时想不起来，看他一副热情的样子，我不禁有些尴尬：并不是教过的学生都记不住名字的，那些成绩优异的、性格乖巧的，感觉像自己的孩子，怎会记不住他们的名字？父母没有偏心的，可我有，忘记了那些“后进生”的名字。虽然我自认为从没有在心底歧视他们，但就名字问题而言，我还不像自己标榜的那样公正。

他丝毫不介意我的忘性之大，热情地抱起我的儿子，非要从路旁的小摊上给他买玩具，无论我怎样劝阻，都丝毫阻挡不了他的热情。我甚至有种内疚的感觉，但更多的是疑惑，虽然不应该用世俗的眼光来看待师生关系，但他的热情是不是有些过头了？

看他抱着兴高采烈的儿子拿了个一看就价格不菲的玩具汽车回来，未等我开口，他的手机响了，于是要了我家里的电话号码，匆匆而去。

晚上，他就给我来了电话。寒暄过后，他说：“老师，你知道我为什么对你这么有感情吗？因为有一次语文课上做练习题，发到我那里正好没了试卷，于是你很认真地到办公室给我找，可没有了，于是你又到邻班里，叫出人家的语文老师，跟人家借了一张，给了我。当时我在后门旁看得一清二楚。老师，其实我这样的学生，做与不做没什么区别，别的老师甚至连试卷都不发给我，我都习惯了，无所谓的。可只有您把我当人看，虽然从那以后语文课上我特别用心，可也没学好。”

放下电话，我感慨万分：这是多么普通的一件小事，我只是做了一个老师应该做的事情，却赢得了他如此的尊重。对于后进生，我们是不是太吝啬了？

想起那朵未绽放的花

那次上街买菜，从我身边走过两个花枝招展的女子，听那口音，看那穿戴，就知道是那种“风尘女子”，我对这种女子一向同情不足厌恶有余的。在她们离去时，忽然听到其中一个说了一句“柳娜这个臭女人真妖呀……”我不禁一怔，多么熟悉的名字，会不会是她？柳娜，那个漂亮的女生，那朵未绽开的花？

记忆的大门被缓缓拉开……

那是我参加工作的第一年，承蒙领导的信任，做了六（2）的班主任。柳娜是第一批让我记住的学生之一，她既不是班干部，成绩也不突出，就分数而言，甚至算得上“后进生”。但是她漂亮，特别是那双黑亮的大眼睛，有一种超出年龄的东西，常让我想起“风情万种”这个词语。而且，她特别爱打扮，穿得也特别时髦。她很活泼，晚点的时候特别喜欢“出风头”，她常常主动跟我接近，还把一些自己做的小手工艺品送给我，很显然她很喜欢我。

我也喜欢她，在她未给我惹麻烦之前。

其实那些所谓的麻烦，是在我的意料中的，因为那些年长的同事早就叮嘱我“看好柳娜”，她这样的女生，特别引异性的注意，到时候够你“掇索”（收拾烂摊子的意思）的。

只是没有想到那么早，而且，年轻气盛一心想在领导面前显示自己的我，又过低地估计了那些事的棘手程度。

开始有人向我汇报柳娜晚上回宿舍太晚的时候，他们才入学两周多。我找她谈话时，她给我的解释是“找我的一个表姐玩”，还信誓旦旦地说“不信你问去”，我过低地估计了她的魅力，掉以轻心，只是叮嘱她要按时回宿舍。从那以后，她倒真的按时回去。直到有人告诉我亲眼看见柳娜和外班某男生一起在饭店吃饭，我才意识到事情不像我想得那样简单。再次找她谈话，她低着头，一个劲地落泪，待我狠狠地批完她，说清这件事的严重后果时，她抬头泪汪汪地看着我，说实话，看她那副梨花带雨的样子，真是让人怜惜。但我还是狠着心逼她写了书面承诺，似乎这样就能保证她安分守己。可惜，年轻的我过于幼稚，导致后来外班的好几个男生为她而打群架，为此我们班丢掉了流动红旗不说，还在全校“有了名气”，我自然也少不了与领导“谈话”。为此，全班同学烦了她，我也是。

但事情远没有结束。

虽然我加紧了防范，甚至设置专人“监视”，但是，不知是她狡猾还是我愚蠢，仍没阻止后来她和一些不三不四的社会青年交往，甚至逃课。这时我的苦口婆心早已变得不堪一击，每次她都紧低着头，声泪俱下，信誓旦旦，可惜我对这些早已麻木，因为我知道这些在她转身离去的时候，都会一字不漏地留在这里，她一个字也不会带走。

不想跟领导汇报，觉得那是自己无能的表现，更是对班集体荣誉的伤害。最后我竟束手无策。

当然，并非真的没了办法。只是我不忍心那样做。直到年底评定优秀班集体的时候，因为“柳娜事件”我们与本应得到的荣誉失之交臂。有个同事跟我开玩笑说：“只要有柳娜，你们班永远不会安宁。”

那时我太年轻了，过于注重那些功名利禄了，以至于我真的那样做了。

我把柳娜的种种劣迹整理成材料，加上诸多的人证、物证，足够让她被开除了。

于是她真的被开除了。

我仍然记得她找到我恳求我的样子，仍然记得她那些快让我动摇的话，特别是她那双泪汪汪的眼睛，我觉得至少在那一刻她是真诚的，单纯的，她说她不想离开校园，她喜欢跟同学们在一起，喜欢听我讲课……

可惜我那时太年轻了，太注重功名利禄了……

后来我常常想起她，想起她那双大大的黑眼睛，想起她说她会努力做好，想留在学校里。

今天又听到她的名字，特别是从那两个人口中说出，我多么希望只是重名，希望那个漂亮的女孩，那朵未绽放的花，在一个年轻教师，一个不谙教育本质和教育任务的教师，基于那颗虚荣甚至是不负责任的心，对她撒手不管以后，她仍能正常开放，开成一朵美丽而纯洁的花。

我将“教育的本质是对生命的终极关怀”重重地写在办公桌旁一个显眼的位置。我希望所有的教育者都会记住它。

荆棘中盛开的花

有幸做了一名语文教师，觉得自己的工作意义非凡。当然，与我看过的诸如《读者》《意林》之类的杂志上刊登的一些小故事有关——无非是因为教师的某句意味深长、深刻隽永的话语或者某个关爱的举动改变了学生的一生：让一个心灰意冷的学生变得踌躇满志，让一个道德败坏的学生良心发现，让一个自卑平凡的学生变得自信非凡。说实话，当初我喜欢极了这样的文章，并在心底发誓：我也要做一个在学生生命转折点起关键作用的老师，我自信满满，语文老师有化腐朽为神奇的本领。

渐渐地，我发现我错了：我太高估自己的作用，或者说，在冷冰冰的现实面前，我太高估教育的作用。

真的，全社会都用神的苛刻的标准要求我们，“没有教不好的学生，只有不会教的老师”，面对学生懒散迟钝的反应，我们必须深刻检讨是自己不会教的过错；面对学生道德上萌芽的恶劣的品性，我们不能体罚，不能训斥——那关乎学生的尊严；所有的家长都懂得用法律武器来对付我们；还有，万一遇到心理脆弱的学生出点什么幺蛾子，你就死定了。

可是，苍白的说教在一个尚未形成是非观念、缺少自控力的孩子面前，柔弱得不堪一击。

真的，我曾经很失望。

我曾经在晚自习后苦口婆心地教育那个贪玩的学生要如

何尽职尽责完成作业，讲到“责任”，讲到“奋斗”，讲到“个人价值”，甚至讲到“美好的明天”……

教育完毕已是晚上近十点，同事们已经回家，漆黑的夜晚，路灯已灭，我爱人不放心，领着不到三岁的孩子顶着寒风来接我。

可是，第二天，那个孩子依然倔强地不做作业，后天依然，直至毕业。我就没看出我的唾沫星子起半点的作用。

我曾经劝那个打群架的男孩子脱离那个什么帮，我让他观察他扫大街的母亲一周，让他周末替母亲扫一天大街，我想得那么好：让他体恤母亲，他就知道他的做法给家里带来多大的烦恼。可是，丁点作用没起，这个学生毕业后，加入什么帮，在一次群殴中被打瞎了眼睛。

我更是多次劝慰那些早恋的少男少女，什么“青果子涩”的道理，什么“责任”“未来”，能想到的都说了。无济于事。

真的，有个阶段，我对自己的工作失望至极。

在这个物欲横流，光怪陆离的残酷的社会面前，我为自己的无能感到悲哀。

这种灰色的情绪，让我顿感自己职业生涯的寡淡无味。

直至某个秋日的午后。

那是个平凡得不能再平凡的午后：秋日的暖阳，爬满绿叶的葡萄架下，我和年近八十的奶奶在院子里拉家常。

那时她正在做穗子——就是把一些买来的五彩缤纷的棉线，一根一根顺到另一根细细圆圆的木条上，将来母亲和几个妇女在一起织布用。

她又开始絮叨地教育我：

“不要打人家的孩子，谁的孩子都是父母心头的宝。”

“不要训人家的孩子，对学生好一点，孩子们会知道。”

“不要……”

未等奶奶说完，我就不耐烦地说：“骂不得打不得，那你说怎么教育他们？奶奶，你孙女的工作没那么重要，对他们好不好的，他们也不领情。”奶奶一怔，显然没预料到我这样回答。

我们之间出现了短暂的沉默。

暖暖的阳光透过葡萄藤，歪歪斜斜地射到地面上，斑斑点点。如我的心情，五味杂陈。其实，奶奶，我也希望自己做一个这样的仁爱之师，那样，我的内心也会更充实和更幸福。

我正出神，奶奶说话了：“话可不是你那么说的。什么叫‘好不好的不领情’？谁的心里都有一杆秤。俗话说得好，‘良言一句三冬暖，恶语伤人六月寒，’好好对人家孩子，即使他们嘴上不说，心里明白着呢。你说了，可能不一定管用，可是，就像这做穗子，不一根根理顺，不就更乱套了吗？”

我静静地看着奶奶，这个一脸慈祥，一辈子与人为善的老人，她一辈子从没做过什么大事，可让所有认识她的人想起来，就觉得心里温暖。

奶奶朴实直白的话语，胜过任何深奥的哲理，它如这秋日的一束阳光，一下子射进我曾经灰色的心灵，让我曾经迷茫失望的心一下子找到了方向，豁然开朗。

是的，教育从来不是理想的诗篇。我的职业注定不会是花香满径，它是一条崎岖甚至遍布荆棘的路。而那些发生在故事中的美丽的意外，权当是我教学路上荆棘中盛开的花。

无论我的作用有多大，我都会谨记奶奶的话：良言一句三冬暖，恶语伤人六月寒。如果我的勉励改变不了学生命运的轨迹，那我就好言一句；如果我的教导仍旧无法改变学生的品行，那我尽量避免恶语伤人。

既然已经启程，无论是否会遇到开花的荆棘，我仍要无怨无悔，风雨兼程。

洒一片阳光

走进教室，我拿着将要分下去的白纸习惯性地走到张旺的桌前，想借用他的小刀把白纸一分为二，好分给学生默写古诗文。

我忽然愣住了。那里空荡荡的，他连同那堆高高的书山一起消失了。

他的同桌见我发呆，就悄声地告诉我“张旺不念了”。

“哦。”我应了一声，心里隐隐有点失落，继续问道，“借谁的小刀用一下？”有个学生站起来，把小刀递给了我。

学生继续复习，我也继续割我的纸。

小刀不太顺手，那一刻，我心里竟有些怅然若失。

是不是我只有在用小刀的时候，才会意识到他张旺的存在呢？想到这里，我的心里竟凉飕飕的。惭愧、自责、后悔，一拥而上，让我的心紧了起来。

窗外的阳光透过玻璃，暖暖的，毫不吝啬地射进教室。

我抬头又看见那张空荡荡的桌子，不禁有些怅然若失。

张旺是个极其普通的学生，无论是学习还是相貌，他成绩不好，也不惹事，印象中他每一节课都是很老实地坐在那里。我几乎没给他面批过一次作文，几乎没和他谈过一次话，甚至上课的时候几乎不会意识到他的存在——除了在用他小刀的时候。

学生们紧张地埋头默写，教室里静极了。我在脑海里尽量搜索有关张旺的记忆。

他曾在我走到他身边时，主动而又快速地拿出小刀，很细心地把小刀打开，总是刀柄朝着我，他是不是也意识到这个残酷的事实：老师只有在用小刀的时候，才会走到他的身边？

他曾在我提问到简单问题时，犹豫地举起手，可是我在提问的时候，眼光总会不自觉地扫向那些眼神更自信的孩子。

他曾在我转到他身边的时候，很得意地指出刚才我在黑板上写错了一个字，我还曾暗地里笑他的幼稚。

还有什么？脑子里竟一片空白，师生将近一年，三百多个日子，可和他有关的记忆竟这样少得可怜。

他从此以后再也不会出现在我的课堂上了。

他朝某日相逢，张旺会不会再叫我一声老师？不叫的话，我无话可说，叫的话，我是否能坦然接受？

心中萌生了悔意，以前为什么没在课堂上多提问他几次？他回答后为什么不多几句表扬或激励的话语？为什么没利用课下的几分钟多和他交流一下？他喜欢什么？擅长什么？这些我都无从知道了。

怅惘的思绪被教室里的窃窃私语打断，学生默写完毕。

我收回思绪，看着这些熟悉但又陌生的面孔，忽然感觉那些平凡的、不平凡的，印象深的、印象浅的，喜欢的、不喜欢的，猛然间都变得让人留恋起来。

春日午后的阳光坦荡荡地射进教室，无私地照耀着我们每一个人。我心里忽然升起凝重的幸福感：面对这么多单纯善良的学生，我有那么多的机会接近和改变他们的心灵，我一定会尽己所能，把爱的阳光洒向他们，更多地了解他们，呵护他们，愿他们在我的脑海里不再是一个汉字符号，而是一个个鲜活的心灵。

如果那只猴子是悟空

小时候看《西游记》，最崇拜的就是孙悟空，七十二变，筋斗云，金箍棒……这样的英雄是每个小女孩心中的王子，最让我喜欢的是他天不怕地不怕的那股劲，怎一个潇洒了得！

小女孩慢慢长大，情窦初开的年龄，我也像紫霞一样，深深爱上了这只猴子，我也希望有那么一天，有那么一个英雄，身披金甲战衣，脚踏七彩云，为我而来……

直到我做了老师，我突发奇想：我真的喜欢那只猴子吗？

他的确天资聪颖，无论上课听讲与否，无论课下完成作业与否，无论尊重师长与否，但毋庸置疑，他的成绩绝对一流。

可是，我喜欢他吗？

他上课一定不会端坐桌前认真听讲，他会抓耳挠腮，乱做小动作，会戳戳前邻，踢踢后舍……

他回答问题一定不会按常规出牌，保不定会问一些稀奇古怪，关键是我也不知答案的问题，让我当众尴尬无比……

他课下遇见我，一定不会毕恭毕敬，行着标准的队礼说“老师好”，他会在楼梯上连跑带跳，甚至会爬上爬下专做学校禁止的高危动作，害得我班的分数一次就被德育处扣光……

他甚至回家不会认认真真地完成作业，他作文字迹潦草，他数学步骤不全……

如果这只猴子在我班，我会喜欢他吗？即使他仍旧会在关键时刻给我一个最高分？

我很惭愧。

可是，谁能否认，就是这只猴子，在唐僧取经的过程中，发挥了至关重要、无人可替代的作用！

他毕竟只是只猴子，可是，因为各路神仙的教化，激发了这只猴子天性里面的正义，抑制了他作为动物的各种不足，终于他助得唐僧取经胜利归来，自己也得道升仙。

如果这只叫悟空的猴子在我班里，作为凡人，我的确无法驾驭，甚至因为自己在他才华衬托下的无能，恐惧他、厌恶他，甚至利用自己的职权排挤他。如果那样，这只猴子还会成为后来的悟空吗？

如果这只猴子在我班，我深知他的才气过人，所以我会像如来佛祖一样，让自己修炼得比他厉害。只有修行比他深，才会让他因为服气而驯服，我会像观音姐姐一样，用自己的温柔包容，春风化雨……

如果有只猴子在我们班，给我们闯祸，让我们头疼，可亲爱的老师，别忘了提醒自己，或许他的名字叫悟空……

爱是最美的语言

我还记得他第一次和我对视的眼神：毫不在乎，冷漠，充满敌意。

那是我刚接的这个班上的第一次班会，因为开学后他们身高变化很大，我就提出给他们重新排座。按照高矮个的原则，男生和女生尽量均衡安排，排座的过程很顺利，他们毫无意见。

排好以后，我看见最后一排是四个男生，为了避免他们四个玩闹，我就让前一排的一个女生和其中一个男生调换。可是，当那名女生开始搬桌椅的时候，那个男生却纹丝不动。女生就很尴尬地站在那里看着我。我有点生气，就走过去问他："你怎么不搬桌子？"他头也不抬。我更生气了，声音不禁提高："你可以不同意调位，可总得有个合理的理由。"他这才缓缓地抬起头，我看到了一张双唇紧闭、眼神冷漠的脸。我在心里安慰自己：每个班都会有"刺儿头"，要耐心，全班同学都盯着你呢。于是，我克制自己再次发火，说："你们暂且先不动。"我把"暂且"一词说得很重。

下课后，我叫来班长，打听刚才那名学生的情况。班长和我解释："老师，赵杰的听力有问题，他戴着助听器呢。他可能是听不太清楚你的话，你别生他的气，别看他平时在课上一言不发，课下其实和周围几个很合群，就是说话口齿不清，我们听不太懂。"说完，班长笑着挠了一下后脑勺。

噢，我明白了。他一定很怵头人际交往，只有勇气和周围几个交流，所以我让他调位，他就自然很抵触了。

放学后，我叫赵杰到我的办公室。

等了很久，他才慢吞吞地走进来。低着头，站在我的办公桌前。

我把手放到他的肩头，尽量缓慢而又清晰地对他说：“赵杰，对不起，我不知道你的情况。我知道你不愿意调位是因为你和现在的同桌一直很熟悉，很怵头和别的同学打交道，对不对？”他缓缓抬起头，我看到他的眼神中有种很让人心疼的悲楚，我的心一软，轻轻拍了一下他的肩膀，继续说道，“可是，我觉得你很有必要再换个环境，因为你必须尝试着让自己和不同的同学打交道，现在是，将来更是。而且，我相信他们愿意看到你笑呵呵和他们聊天的样子，你现在必须让自己尝试着多说话，勇敢地和别人交流，对你的将来才更有利。对不对？”

我看到他眼神里的冰块正在慢慢融化，也看到他的犹豫和沉思。

我继续鼓励他：“要不你先试试？等你觉得和别人相处很难受，不想再尝试的时候，我保证再给你调回去！”

他抿了抿嘴唇，心事重重地点了点头。我知道这对于他的确是有难度的事，可他需要的不是怜悯，而是锻炼。

每次做课间操，我都走到他身边，问：“能适应吗？”他从起初艰难地点头，到后来自信地点头，我知道，他已经成功地迈开了第一步。

从此没再谈调回原座的事。

语文课上，我习惯让学生“开火车”（即从头到尾按学生座次）朗读课文。有一次，“火车”开到了赵杰那里。他犹豫地站起来，不愿开口。

我对同学们说："同学们，赵杰是个很聪明的孩子，而且，老师能看出他一直在努力地融入我们的集体。他需要我们大家的帮助和关爱，我们也同样需要他的加入。"那么多闪闪发亮的眸子，用清澈的眼神齐刷刷盯着我。我对赵杰说："如果你愿意尝试，你就读，如果觉得自己还需要时间来适应，就坐下吧。"

足足有十秒，他只是倔强地站在那里，不读，也不坐下。

全班一片沉默。

终于，赵杰艰难地读出了第一句！

班里响起热烈的掌声。那一刻，我觉得自己和赵杰一样激动，不，是我们班里的每一个人，包括赵杰，我们在一起，分享着喜悦和激动。

从此，只要"火车"开到赵杰那里，它就继续顺畅地开下去。不仅仅是在语文课上，而是在所有的课上。

有一次，学习委员把各科的作业检查情况交给我，我发现，没完成作业的学生名单里，除了那几个"常客"，还有赵杰的名字。以前他虽然学习成绩很差，可是作业完成得倒是很认真。

课上，我狠狠批评了几个不认真完成作业的，并且按照班规，每人重新认认真真补一份，明天务必交上。

课下我找来了赵杰，他很艰难地给我解释："听……不见，写……了以后，听写……还是写不对。"

我严厉地说："找借口！考试的时候，可不是'听写'啊，是'按照拼音写汉字'！"他低下了头。

"赵杰，老师很爱你，我用与其他人一样的标准要求你，我相信，你能达到！凡事必须尽最大的努力，特别是你！”我盯着他的眼睛，一字一句地说。

我看到他的眼里有泪光闪动，他坚定地点了点头。

以后再听写，我就固定地站在赵杰的跟前，他从此也很认真地完成作业。

有一次，我在校外碰到他，他说：“老师好！”不太清晰，声音很低。我就拉起他的手，笑着说：“赵杰，你说得越来越好了！很自然，发音也比以前清晰了。”他羞涩地笑了笑。我继续说：“以后要比别人更多地去说话，多锻炼，才能增加勇气，还会说得越来越棒。反过来，不锻炼，不说，就越来越说不好。”他点点头。“以后，有什么事，多和我聊聊，我愿意和你做朋友，如果你不嫌我老的话。”他嘿嘿地笑了。

以后，只要我隔着老远对聚集在班门口的男生说：“给我叫某某来！如果赵杰在，他总是第一个大声地朝班里喊某人的名字。

有一次，赵杰还急呼呼地到我办公室里，很大声很不满地说了一句。因为语速太快了，我实在没听明白。我就笑着说：“别着急，沉住气，再说一遍。”他就放慢了语速，我才听出来，是放学后很多人不走，值日生不方便打扫卫生，他来给他们告状的。

以后，他经常到我们的办公室来，给我汇报班里的近况，偶尔还给某人告个小状。办公室里的赵老师每次都暗地里朝我竖大拇指。

我也很为赵杰骄傲，也为自己能赢得他的信任骄傲。

我相信，爱是最美的语言！

我在造宫殿呢

周一晚自习回家，照例是筋疲力尽，懒得连话都不愿说。

儿子远远地对我喊："妈，我给你猜个'脑筋急转弯'吧？"

我不耐烦地回应："去去去，我都累得不想活了。"

儿子那边顿时沉默了。

看电视的老公抬起头看着我，慢条斯理地对我说："我刚看了一个小故事，很有趣，讲给你听听？"

我刚蹙起眉头，他就说："先听听吧，对你有好处。"

"一个人路过工地，看到三个工人在砌墙，路人问他们在做什么。第一个人闷闷不乐地说'在干活'；第二个人漫不经心地说'在赚钱'；第三个人快乐地说'在造一座美丽的宫殿。'若干年过去了，前两个人依旧在砌墙，而第三个人却成了建筑工程师。"

说完以后，老公意味深长地说："你为什么老是闷闷不乐地'在干活'？实际上你是在'造宫殿'呀。多少人羡慕你能健康地工作，比如生病的；多少人羡慕你有精力工作，比如退休的；甚至其他职业的也羡慕你们：做老师多好呀，那么多的孩子陪着你玩。"

听到"那么多的孩子陪着你玩"的时候，我怔了一下。

多么好的理解呀。课堂上，还不真是那么多人陪我玩吗？还是我说了算。

想想这几天的工作状态，真是糟糕。老看着学生的学习状态差，课堂上沉闷，不配合我，所以，我就气鼓鼓地一个人在唱独角戏。不住地埋怨他们，批评指责，甚至有时候还任性地不负责任地朝他们发顿脾气。

其实，反省自己，他们做得也不至于我想得那么差。毕业班这个关键阶段，他们的学习负担和压力比我重得多，一定是我上课的坏情绪先传染给他们，我先苦闷地教，他们才苦闷地学。于是，恶性循环。

为什么不理解为“我们一起玩呢”？语文这样浪漫的学科，为什么让我们师生苦着脸去学呢？把那些优美经典的文章，玩似的学习欣赏，说不定学生的学习效果更好呢。那些枯燥的文言文，如果能像玩似的，何至于一上课他们就皱着眉闭着眼声嘶力竭地背呢？如果我们师生能像玩似的完成学习任务，那该多好！

我想，自己应该庆幸，有那么多的孩子陪着我玩呢，玩得还这样有意义，不虚度光阴。

再去上课的时候，我一定在心里对自己说：“我在造宫殿呢。”不，我要对孩子们也这样说，“我们在一起玩着造宫殿呢！”

世界因不同而精彩

早上上班，行至人工湖，不见了波光粼粼，湖面泛着清冷的光，细看竟结了一层薄冰。

已是深冬，我穿着最厚的羽绒服，厚得抓不到肉的棉裤，戴着口罩，严严实实，臃肿得像头行走的熊，步行上班。

拐弯处，忽然看见湖边有位冬泳者。原谅我大惊小怪地重复一遍重点：只穿了条泳裤啊。

我忍不住侧脸看他。正好碰上他看我的目光。我连忙转过头。

可是走了几步，我还是好奇地回头——尴尬！再次目光相撞。

忍不住想笑，我认为他与众不同，他也在心里嘲笑我少见多怪吧？

快到校门口，看见一位奶奶背着孙子，背上的男孩子胖墩墩，个子也不小，奶奶走得有点吃力。我想对他说：你大了，要自己走路上学。忍住了，怕人家祖孙俩一起给我白眼。

是啊，就像小兔子不明白，用自己最爱的胡萝卜钓鱼，为啥鱼不上钩一样，我们永远不知道别人在想些什么。

甚至连最亲近的人，也说不上了解。

父亲去世后，我经常在怀念他之余想我知道他喜欢吃什么，却不知道他喜欢交什么样的朋友，我知道他不爱说话，却不知道他是否有一个丰富的内心世界，我知道生病期间他肉体受尽折磨，却不知道那时候，他内心是否备受煎熬。他对这个社会有什么看法？他性格是悲观还是乐观？甚至重病期间他对这个世界是留恋还是厌倦？

一切都无从知晓。

我觉得那么爱他，和他生活了那么多年，我却依旧茫然：更深刻的父亲是一个什么样的人？

不只父亲。

看着那块从我身上掉下来的肉慢慢长大，有一次看他日记，竟然窥探到他内心丰富的世界，而不是我以为的木讷。终于明白我对某事愤愤不平地评论他为什么云淡风轻，我自以为为他好的做法得不到热情回应，其实每个人真的都是一座孤岛，我们不知道对方最真实的想法，所以，一个人永远无法走进另外一个人的内心。

尝试理解吧，如若不能，那就学着接受吧。

想起有次培训，台上做报告的是位乡村的女校长，声音尖锐，语调夸张。临时建的微信群里就有不少人笑话她。有位专家在群里宽容地说：世界因不同而精彩。大家都跟着发了几个大笑的表情符号。

我不知那些表情符号是掩饰自己的尴尬还是表示信服。

反正，我很为专家的话点赞。

世界因不同而精彩。

一样的眼睛，不一样的看法；一样的嘴巴，不一样的说法。

所以，不一样的心灵，更是不一样的想法。

所以，何必为道不同的争议辩解？不为谋就是了。

何必为别人的风言风语大伤脑筋？做自己就好。

何必风中流眼泪？何必曲意逢迎？何必虚荣攀比？

世界因不同而精彩。

可是，我能坦然面对课堂上各种不同的脸吗？有积极回答问题的，有一脸麻木的，有奋笔疾书的，有偷懒发呆的，有阳光向上的，还有内心阴郁的，有不畏失败积极进取的，还有懈怠消极自甘堕落的。

不是。

世界因不同而精彩。我要做的，就是在尊重不同的基础上，让每一个不同，成为更好的不同。

世界因不同而精彩。让各种不同更加精彩吧，那样，世界才会真的更精彩。

开学第一课

阅兵式刚结束，爱国激情尚浓时，我们迎来了《开学第一课》。

今年开学第一课的四个关键词是：爱国、勇敢、团结、自强。现场很多的抗日英雄及英雄后代给我们讲述了那些离孩子们遥远的战火中的故事。这些逝去的英雄，用他们的生命告诉我们信仰的力量。因为信仰，青春永驻，因为信仰，生命不朽。因为信仰，我们爱国，勇敢，团结，自强。

这个社会不够理想，曾经出现了很多让我们蒙羞、愤慨、绝望乃至麻木的事情，可是，在这个有近十四亿人口的国家，仍有那么多让我们感动敬仰的过去的、现在的英雄，只是，我们不应该把他们遗忘，我们应该给英雄闪光发亮的机会和舞台。

现在的语文课本删除了刘胡兰、王二小、赵一曼，也将删去狼牙山五壮士，我的偶像鲁迅也面临被删去的命运。

或许专家们对语文的内涵、语文的本质、语文的作用，等等，有很多深刻正确的认知，只是，历史不能忘记，铭记历史才能有根，才能坚定地站在这广阔的土地上。

语文，无论本质和作用到底是什么，我觉得，培养一个热血的敢于担当的正义的上进的人，是语文再教育中的首要任务。

不能遗忘历史，历史是我们的根。有根的中国人才能有信仰，才能挺直腰杆站在这个世界上。

或许是因为世界局势，因为阅兵式，今年爱国的氛围格外浓，各个电视台播放的都是抗日剧。多希望，一直这样，让社会少一些无聊的喧嚣，多一些对历史的回首和思考。

爱国，勇敢，团结，自强，不仅是孩子们的开学第一课，还应是我们所有人必上的重要一课。

今天是个值得纪念和庆祝的日子：纪念中国人民抗日战争暨世界反法西斯战争胜利七十周年。每一个中国人都应该为我们的祖国骄傲。你所站的地方就是中国，你怎样，国家就会怎样，你光明，国家才不会黑暗。

作为70后，我们那年代的人，在今天看纪念仪式特别激动，我们没有经过战争的洗礼，但是我们小时候清晰地记得战争中的英雄，几乎看到战场上枪林弹雨，所以我们珍惜今天的和平；我们成长在祖国日渐强盛的建设时期，经历了其中各种复杂的滋味。我们70后都曾一腔热血地爱国，也曾义愤填膺地做过愤青。但是，我觉得70后是最有担当和热血的一代人，我们不麻木，不放弃，我们自力更生，自强不息。

今天的阅兵式，泪流满面的，都如我们70后一样，对祖国爱得深沉爱得坚定。对祖国知道得越多，越有责任感的，越知道自己为什么在红旗升起的那刻，在沧桑老兵走过的一刻，在英姿飒爽的军人有力地走来的那一刻，在各种先进武器装备出现的那一刻，我们会泪流满面。

慧眼识人（1）

课间操的时候，昭涵慌慌张张地跑来说，俎怡情倒在地上，爬不起来了！（昭涵越来越棒了！越来越操心班里的事情。）

我慌忙跑下楼，到了班里：郭津汝站在桌前，怡情坐在地上，眼角挂着几滴泪，楚楚可怜的样子让人心疼不已。

“哪条腿疼？站不起来吗？”她用手指了指右腿，一脸痛苦。

“怎么回事啊？”

郭津汝悄声细语地说，田瀚文从这里走，踢到了她的凳子，她一下子就坐在地上了。

会不会骨折了呢？我更加担心。这才发现，田瀚文一直在旁边站着呢。

田瀚文一向调皮惯了，我忍着怒气问他：“你是故意的还是不小心？”（问的真是傻）田瀚文难得老实，看脸上表情，这孩子也是害怕了：“不小心。”

俎怡情还是坐在地上，我觉得地上太凉，把凳子拿到她身边，抱着她的大半个身子，看她能不能站起来，还不错！她左腿用力，小心地站了起来，坐下了。

看来得去医院检查。我给俎怡情家长打通电话，说明情况，看来俎怡情得背着去医院了，恐怕一个家长有困难，我对田瀚文说：“你也给家长打个电话，陪着去医院看看吧。”田瀚文小声地说：“我家里没人。我自己回家拿钱，和她去医院。”熊孩子倒是敢于担当。俎怡情忍着疼痛说：“老师，不用让他家长来了，我妈妈和我去医院检查一下就好。他不是故意的。”我说那就不用打电话了。

俎怡情妈妈气喘吁吁跑进教室，心疼地背起孩子要去医院，田瀚文突然说：“我给家里打电话去！”没等我劝阻，就跑出去了。

俎怡情妈妈个子瘦小，即使我在后面托着孩子，刚走到门口，她就气喘吁吁。我让门口附近的金龙拿张凳子，让怡情坐坐。

怡情妈妈虽然心疼，但听我解释后还是很大度地说：“没事没事，不用田瀚文家长来！我自己去就行！”

下了楼，才知道怡情妈妈把车停在校门口了。我就抱着怡情让她出去开车进来。

忽然金龙跑下来，拿着小板凳让我坐下。

这个懂事的孩子！让我感动。

怡情妈妈开着车刚走，田瀚文妈妈打来电话，她生二娃不久，我知道脱不开身。她要了怡情妈妈的电话，非要陪着孩子去检查。

我忐忑不安地等结果。

刚下课，瀚文妈妈打来电话，说检查结果出来了，骨头没事！但是检查的费用怡情妈妈非自己出。瀚文妈妈反复强调让我问问怡情妈妈花了多少钱，一定要我转给她。

一会怡情妈妈也发了短信，让我放心。

我心里一块石头落了地！

真是落了地！

回想瀚文的敢于担当，怡情的善良懂事，金龙的体贴入微，怡情妈妈和瀚文妈妈的彼此体谅，通情达理，心里忽然涌上一股暖流。

心里暖暖地想：有这些好孩子好家长在，我还有什么好抱怨？唯有努力付出，方不辜负爱与信任。

有你们同在，真好。

慧眼识人（2）

和学生交流《绿山墙的安妮》。在他们分析完安妮的性格特征后，我进行了小结：安妮出生在最缺乏爱的环境下，但是她却长成了一个乐观向上、豁达善良、善解人意、知恩图报的人，所以，即使你觉得与别人比，自己缺乏关爱，但这绝不是你冷酷自私甚至心里不阳光的理由。正因为安妮的好性格，才决定了她后面的好人生。只要你不自怨自艾，生活就会许你一片明媚的未来。

教室里安静得很，他们端坐着认真听课。

“太棒了！”忽然，讲台左侧的加恒脱口而出，还用右手给了我一个大拇指。

性情中人啊！

加恒上课几乎不看课本，左顾右盼东张西望，一节课要打发完也是相当考验他的耐性。

他耐性极好，从不捣乱，但是，他的文具盒啊水杯啊都是一职多能，都兼任玩具。

记得第一次上课，他忽然举起手。我正滔滔不绝呢，以为他有疑问，就随口问，没想到他粗声粗气地说，老师，课下某某踢我屁股！你看……

哄堂大笑的场面让我有点尴尬，于是教育他以后这样的事课下反映。

后来课上他仍旧举手：老师，我想上厕所！老师，某某打扫卫生的时候用馒头呲（方言：扔）我！我随即批评某某不准欺负加恒，加恒补充：关键是浪费粮食啊！

……

要是没问题让他反映，这节课他课本也不拿，桌子上就只孤零零一个水杯，于是乎水杯命运多舛：一会儿掉地上，啪的一声响让加恒自己吓得手用捂住嘴，瞪大惊恐的眼睛看着早已习惯后云淡风轻的我。一会儿又被他抓住杯子顶端的绳子，呼呼呼抡起来……

每次耐心地让他拿出课本，他都双手一摊：我忘了拿！

这样加恒还给他妈告状：大年下的也不让旁人吃饭啊！

让你干什么？

做作业！

如此刻苦，加恒的运气也不太好：汉字基本还写不全，不是缺胳膊就是少腿；数学分数几乎没到过两位数；英语全是选择题，碰得不错的时候，能考到二十分。

加恒给我叫好让我很感动！当众表扬了他。

下课的时候，加恒很苦恼地和我说："我也想回答问题，可是我害怕！"

"勇敢点！别怕。"

"我记得好像一年级吧？有一次老师让我们讲故事，我不知道他们为啥大笑我。以后……"他做了那个经典的耸肩动作。我就不敢说话了！

也是受过伤害的人啊！

"没事，以后我的课上你就勇敢回答问题，我不让他们笑话你！"

他若有所思地看着脚下某个点。

看他做艰难抉择的样子，我在想：其实回答与否不重要，加恒，重要的是，你要快乐！一如既往，快乐到老！

慧眼识人（3）

周一第一节是语文课。

我走进教室的时候，发现黑板上竟然还存留着上周五英语老师的授课内容。于是我生气地问谁负责擦黑板。在一片沉默中，第一排的加恒，走上讲台，拿起黑板擦，默默地把黑板擦干净。

加恒几乎属于班里的编外人员。他智力应该没问题，就是不学习，汉字写得缺胳膊少腿，数学英语更是一窍不通。三门功课合起来都不及格。所以，对于他课上从来没有书，从不做作业，从不参加考试，我们都习以为常。

加恒擦完黑板，默默回到座位上。

面对那些漠然的眼睛，我说："大家不觉得，加恒用自己的行为狠狠地抽了我们一记耳光吗？我们为加恒喝彩！"

掌声响起来！

加恒很有礼貌很有风度地站起来朝大家鞠了个躬。

下课了，加恒忽然走到我身边说："老师，你教我写作文吧！我就是不会写作文！"

我很认真地说："好啊！"

虽然我心里为难死了！

不得不感叹表扬的力量！它让加恒脱胎换骨地爱上学习！虽然前景不太乐观。

这节语文课我们学的《只有一个地球》，讲到人类要保护地球，因为暂时无法移居其他星球。

下课了，加恒问我：“老师，真的有外星人吗？”

“有啊！这么多星球，一定有很多星球上有生命！”

“哎呀！万一外星人攻打地球可咋办啊？”

未等我作答，他就心事重重地走开了。

唉，这个忧国忧民的加恒！

加恒，我一点都不讨厌你。相反，我特别愿意和你玩。

你的简单、善良，偶尔的小“狡诈”，让我觉得，生活真简单，简单的生活真幸福！

加恒，我真的希望这个社会能仁慈待你，给你做自己的福利，愿你的生活阳光明媚，快乐无边！

生活篇

不过为了一块方糖

我在电脑前整理材料，儿子做完作业了，坐在我旁边的床沿上。

“这么早，你做一份试卷吧？”沉默。

“要不，看点课外书？”还是沉默。

难得周末，我不想影响我俩的心情。

电脑是玩不成了，那就只好顺其心愿地问道：“看电视去吧。”一溜烟不见了。

等我忙完，揉揉发涩的眼睛，坐到儿子身边。

他做贼心虚，连忙把遥控器送给我，我不计前嫌，故意装出漫不经心的样子说：“是不是你们都不喜欢学习？”

“倒也不是，只是不喜欢这么累。”

“可是，现在不累，将来哪有甜呢？”

“甜？你觉得人生哪个阶段甜？”

我一时语塞。

我是一个小学语文教师，担任班主任，整天忙得晕头转向，下班后还得完全承担一个家庭妇女的重任，上有老，下有小。喜欢写作，也得夜深人静伏案熬夜。

爱人是个小公务员，干最多的活，拿最少的钱。

老人倒是悠闲，可以睡到自然醒，可惜他们不是失眠，就是和病痛作斗争。

看眼前这个整天为作业熬到半夜，天未亮就上学的青葱少年，大考小考的排名，也弄得他整天神态麻木，毫无生气。

细想这悲催的人生，也的确不知何时方能尝到甜。

我俩沉默地看着电视。

直到睡觉，我还一直为儿子的问题纠结着。

我在想：我为什么那么辛苦？同样的职业，有的人做得轻松，既能智慧地自我保护，又能安然享受寒暑假，活不多干，钱不少挣，荣誉不少拿。

我为了什么？似乎也不全是为了神圣的责任，更不是为了所谓的荣誉，我为了自己的快乐。

在我为孩子们辛辛苦苦付出的时候，得到家长的认可，他们对我的尊敬让我觉得快乐；

在我和孩子们的共同生活中，他们对我的喜爱，信赖，崇拜，让我快乐的同时，永远惭愧得到的要比付出的多；

我登上讲台，上完一节精彩的课，看到那些亮晶晶的眼神心领神会，我感到快乐；

我加班加点，完成任务后得到领导和同事的认可，我感到快乐；

我伏案写作，把对生活的点滴感悟，换成文字记录，即使没有精美语言和深刻内涵，可写完以后，我感到快乐；

我下班以后为家庭琐事劳累烦心，可是一家人一起散步，一起看电视的瞬间，我感到快乐；

……

什么时候尝到甜？不是将来，就是在付出的当下。

我要告诉儿子，学习即使枯燥，劳累，可课堂上回答对了问题，考试时取得了好的名次，老师肯定的眼神和前进的名次就是甜；

我要告诉儿子，学习的过程枯燥劳累，可是遇到困难没被打倒后的自豪，战胜困难后的骄傲就是甜；

我要告诉儿子，学习的过程枯燥劳累，可能收获到纯真的友情和无私的师恩，这是快乐的；

……

刚刚逝去的硬汉高仓健也说，人生所有的辛苦，也不过是为了换取妈妈的一个微笑。

安然入睡，明早，我就告诉儿子，所有的劳累都是为了及时兑现的甜。

还是钱锺书老先生看得透啊：快乐在人生里，好比引诱小孩子吃药的方糖，更像跑狗场里引诱狗赛跑的电兔子，几分钟或几天的快乐赚我们活了一世，忍受着许多痛苦。

以此与辛苦奔波尘世的大家共勉。

一席话，一辈子

高考落榜那年，全家人建议我到省城学习缝纫技术，想到整个高中阶段自己也算殚精竭虑，我也对自己的能力心灰意冷。“毕竟是一门手艺，将来开个门头，总比到工厂给人打工强。”虽然在心里不断地自我宽慰，但仍有淡淡的失落萦绕心头，挥之不去，感觉怅然若失。

在尘土飞扬、人声嘈杂的车站，我一个人背着重重的行李，孑然独立。眼前一辆辆汽车飞驰而过，耳旁充斥着老板娘大声招揽客人的尖锐的喊叫声。我茫然失措，第一次独自出远门，不知会被拉到一个怎样陌生的地方。

汽车的鸣笛打断了我的思绪，车来了，我背着行李弓起腰随着拥挤的人群往上挤。忽然感觉后背被人有意地拍了一下，回头一看，竟然是我高中的语文老师！他高声地问我：“你到哪里去？”在那样的场合和心境下，看到高中的老师，我竟然有落泪的冲动。我大声地回答：“去济南，学缝纫。”他拽住了我的行李，说：“我和你聊聊，坐下一辆吧。”

就这样我下了车，而且再也没有上去。

他和我站在公路旁，帮我拿下背上的行李，拍了拍我肩上的灰尘，问我：“你真的不想读书了吗？可想清楚呀，年纪轻轻的，路长着呢。”我黯然回答：“有什么办法？我也就这水平了。”他很严肃地注视着我，说：“我不这样认为，你是我教过的学生中作文写得最好的，你知道我在别的老师面前是怎样评价你的吗？我说你是我的骄傲，将来应该读本科，学中文，当作家。”我的脸红了，他从不曾在班里张扬地表扬过我，“我还知道你的英语也很出色，你英语老师对你的评价也很高。我觉得如果你放弃读书很可惜，你的前途应该比现在更美好，你还小，不该这样轻率地给自己的人生定了局。”

我觉得自己并不像他说的那样出色，在班里，因为偏科的缘故，我的总成绩并不出色，我一直认为自己是 53 个学生中最平凡的一个，可是我没想到语文老师对我了解这么多，更没有想到他对我评价这么高。我有些感动，喃喃地说：“谢谢老师。可我的数学……”

“再学一年（我注意到他没有用复读这个词），全当是再争取一次选择的机会。只要干起来，没有什么不可能！”

看着老师饱经风霜的脸，看着他眼中流露出来的殷切的期盼，我感动得无以复加。或许老师只是为了激励我，才这样言过其实地夸奖我，可是这些话语真的让我阴霾的心里看到了阳光，我忽然变得信心百倍，豪情万丈。

“年轻的时候，谁不曾摔倒过？爬起来，再试一次，说不定你的人生会变了样！”他拍了拍我的肩膀，语重心长。

看着他消瘦修长的身影隐遁在喧闹的人群中，我呆呆地站在那里，我甚至忘了问他要到哪里去，怎么会遇见我。

我就这样背着行李回了家，义无反顾地开始了我魔鬼似的复读生涯。

如今我没考上什么本科，更没有读中文系，当作家更是遥不可及。我只是考了一所再普通不过的师范院校，做了一名平凡的中学教师。可是，一想起语文老师的那席话，我在心里仍是对他感激不尽。他的一席话，改变了我的一辈子。让我有了自己热爱的事业，让我仍有机会与文字打交道。

美丽的等待

瘦小的母亲背着三岁的儿子艰难地爬楼梯，在拐弯的地方，儿子看见母亲的额头沁出汗珠，就用胖胖的小手替母亲把汗珠擦去，稚声稚气地说："妈妈，等我长大了，等你长小了的时候，我也背你上楼。"

听大人说，把种子种在地下，耐心地等待，不久就会长出参天大树，再耐心等待，终有一天会结出甜美的果子。于是，一个3岁的小男孩，在一个狂风暴雨的晚上，把母亲的相片偷偷埋在了地里，然后满怀希望地期待死去的母亲能从土里长出来。

怀胎十月的母亲，哪一个走在街上不是神采奕奕，脸上流光溢彩？想象着孩子出生后的种种情形，再大的苦也是微笑着坦然接受，等待的过程，是幸福美丽的。

"昨夜西风凋碧树，独上高楼，望尽天涯路。"在旁观者看来这样的等待有些凄凉，可是，等待者望尽了天涯路，仍是执意坚持不肯放弃，定是心里种下了美丽的种子，相信终有一天，会"蓦然回首，那人却在灯火阑珊处"，即使凄风苦雨，你敢断定等待的心中就没有郁郁葱葱，暗香盈盈？

也许是甜蜜的，也许是忧伤的，也许是幸福的，也许是凄凉的。无论结局如何，只要心怀善意，永不放弃，所有的等待都是美丽的。

20个鸡蛋

我读小学三年级的时候，教我们语文的宋老师请了产假。虽然平日里大家都很敬畏她，可她一旦真的离开了我们，幼小的我们却忽然感觉像被抛弃了的孤儿一般，无依无靠了。

虽然学校派了年轻漂亮的小张老师代课，可我们心里爱戴的空间仍忠诚地留给宋老师，我们早在心里认可甚至怀念起了她平日里的严厉。

漫长的一个月过后，我们终于通过别的年级的一个女生（她和宋老师是邻居）得到了宋老师的消息：她生了一个漂亮的女儿，但是据说她婆婆重男轻女，非常不高兴，对宋老师很冷淡，甚至连鸡蛋都不让宋老师吃。听到这里，兴高采烈的我们顿时黯然神伤，异口同声地骂了那个老太婆。然后各怀心事地回家了。

第二天到学校的时候，我们都变得郁郁寡欢。第一节课终于结束了，看着对我们的沉闷大惑不解的小张老师离去，我们班上的学习委员忽然走上讲台，挥着右臂，很富感情地说："同学们，我们的宋老师在家吃不上鸡蛋，一定很难过，我提一个建议：我们每个学生都从家里给宋老师拿几个鸡蛋来，派个代表给宋老师送去。好不好？"大家顿时齐呼："好！"可能是平时拥护他的人太少的缘故，学习委员很神气地走下讲台，似乎感觉自己是一个振臂一呼，应者云集的英雄。

第二天再上学的时候，我们每个人都变得小心翼翼，一路上小心地呵护着兜里的鸡蛋。我悄悄地问同路的小曼："你怎么跟家里说的？"她狡黠地笑了："我谁也没告诉，偷偷拿了两个。"我真佩服她的勇气，我是不敢，妈妈对家里鸡蛋的个数，像知道她有几个孩子一样精确，家里的鸡蛋是攒起来走亲戚用的。我可不好意思告诉她，我只拿了一个。我为了等这个鸡蛋，对家里的那只老母鸡寸步不离，不知祷告了多少遍，它才很得意地施舍给了我。上学的时候我还担心母亲问起鸡蛋的事。我们家的老母鸡一向很守信的。

我们把兜里的鸡蛋交给了学习委员，他很严肃地数了数，兴奋地说："呀，竟凑足了 20 个！"当时我们一共 13 个人。顿时我们每个人心里像喝了蜜一样。

经过我们严格挑选，最后决定让我们班上性格最外向的大燕子做代表给宋老师送去。

你猜怎么样？结局你无论如何也想不到。

这个平日叽叽喳喳，大言不惭下了军令状，保证不辱使命的大燕子，到了宋老师的门口，竟胆怯地徘徊起来，最后思量来思量去，竟把一大书包鸡蛋悄悄放在了宋老师敞着的大门里面，连屋门都没敢进，就偷偷跑回来了。

念在她坦白交代的分上，我们谁也没责备她，其实，只要鸡蛋送到了，我们就心满意足了。

后来，宋老师终于知道了这件事，她在班上笑着说："我的傻孩子们，不是人家不给我鸡蛋吃，是你们的宋老师不爱吃鸡蛋。"看着我们一张张疑惑的脸，她又补充了两个字："真的。"便又笑起来，笑着笑着就哭了。

幸福的心情

每次走到教室前，听到小孩子们夸张的惊呼，心里就像窗外的阳光，暖融融，感动而又温暖。谢谢你们，我的学生们！从你们纯净的眼眸里，我忽然感到自己工作的价值。平凡如我，甚至在众人面前，强装不卑不亢，而内心极度自卑的我，唯独和你们在一起，我活得真实而又踏实。

幸福在哪里？在一颗知足淡定的心灵里。

一个学生在日记里写道：我最喜欢语文老师，因为她的微笑让我踏实，我再也不紧张得不知所措。

真的，连我自己都感觉到，自从和这些孩子打交道，我的微笑多了起来。

看着那个成绩极差的小男孩，高高举起手，即使别人已站起来读了好长的课文了，他还固执地不肯放下。我微笑着让他起来，他结结巴巴地读了一小段。我甚至还没表扬，他就那样知足而又骄傲地坐下来，偷偷扫视了周围，见一切正常，他就害羞而又调皮地做了个鬼脸。

我怎能不微笑？为一个孩子不做作，不伪装，为周围的孩子不讥讽，不嘲弄。为这自然形成的滋养好品德的土壤。

我说只允许一个男生一个女生到黑板上听写，呼啦上去一大片。我认真地说：“真会占公家的便宜，又想省本子又想省笔？”他们嘻嘻哈哈：“还能出名哩。”好不容易赶下几个，剩下两个男生谁也不肯让步，无奈之下，一个男生叹着气说：“我当女生好了！”

看着教室里那些笑得自然笑得尽兴的孩子的脸，听着不加修饰的笑声飞出了窗外，我想，连操场上那些亭亭的白杨，也会受到快乐的感染。

教我怎能不微笑？

教我怎能不微笑？

我看见那个极度自卑的女生竟然蹦蹦跳跳地跑到讲桌前给大家读她喜欢的美文；

我听见那个刚刚被我批评的小女孩下课后俯在我耳边悄悄说：“你扎辫子不好看，快放下来。”

我看见一个小女生在日记里说：“因为语文老师和妈妈一个姓，我就把她当妈妈吧。”

我看见课上紧靠窗口的小男生听课的姿势那么随意悠闲，我知道那表示他上课感觉不累。

我看见下课后我给他们鞠躬后说“同学们再见”后，后面几个调皮的男生跑到我身边夸张地鞠了90°的躬，我知道那是他们喜欢我的另一种表达方式。

我喜欢微笑，我愿意用我最本色最真诚的微笑，和他们分享生命中最纯真最美丽的每一时刻！

最后，以略煽情的一句话，真诚地作为幸福心情的结尾：因为和天使在一起，所以，我生活在天堂般的幸福里。

与美丽同行

碰见高中的同学，多年不见了，她还是那样的美丽。问起她的职业，她很骄傲地回答“教师”，我便跟她说其他同学的讯息，有的是高级白领，有的正忙着考硕士和博士，还有的做了老板，成了有钱人，言语间我不禁流露出对别人的羡慕，也隐含着对她职业的不屑一顾。她只是笑着，不言语。我便劝她改行，以她的才气，做个高级白领不成问题。她却很坚决地说：“我喜欢做教师，它是最美丽的职业。”我笑她迂腐，她说：“我给你讲讲我工作的乐趣吧。”

我怀孕那年，教六年级的语文。临产的一个月，水肿得厉害，所以我经常坐着讲桌前的四方凳子上课。那时已是秋天，微有寒意，所以每次上课前我都拿着一张报纸，坐下之前把它铺在凳子上。

心里想以后天要渐渐变冷了，该让母亲给我做个垫子了，却总是疏忽大意忘了说。又一次上课，恰巧手中没了废报纸，我便拿了抹布，好擦擦凳子上堆积着的尘土。可进了教室，低头一看，那张小凳子已“穿上了衣裳”——不知谁，把自己的布书包铺在了凳子上，还用两根带子紧紧地捆住，我的心一下子热了起来，这个小书包，虽然不是很新了，却很干净。它是由好多小碎布拼起来的，有白底红花的，有蓝底绿花的，也有黑白交织的小方格的，颜色不一样，质地也不一样，可都是规规矩矩地排成了菱形，看上去还极富艺术性呢。想着不知是哪位心灵手巧的母亲做的，不知是哪位好心的孩子放上的，这孩子不知多喜欢这漂亮的花书包呢，想着想着竟感动得不敢抬头，因为眼里有泪珠在打滚了。

虽然后来我拿去了垫子，可这个小书包却一直没拆去，一直陪着我，直到我请产假。

初春的风温柔的地拂过我们的脸，我也受了感动，看看她，还沉浸在幸福之中，又给我讲了一件事。

那时我教初四一个普通班的语文。这些学生都是学校根据成绩多层选拔后剩下的，升学是没了指望，只要学生能老老实实遵守学校纪律就万事大吉了。说实话，班里还真有几个让人怵头的学生，不是打群架，就是谈恋爱。所以我对他们也没多少好感。一次习题课，我照例是先和学生一起做题，然后准备讲解。正做着，我的钢笔忽然不下水了，原来是墨水用尽了。于是我走到一个学生面前，指着他的墨水瓶说："我打点墨水。"还未等我伸手拿，那个学生已经放下手中的笔，飞速地拧开瓶盖，恭恭敬敬地送到了我面前，我朝他笑了笑，打完墨水，刚要放下，忽然发现他正抬着手臂，手悬在半空里，原来手里拿着一张白纸，那是给我准备的，让我擦残留在钢笔上的墨水的。

说完她笑了，脸上写着知足的幸福。

我也不禁受了感动，便转移了话题。正走着，忽然迎面来了一个骑自行车的学生，个头比我还高，经过我们身旁，放慢了车速，恭恭敬敬地把手举过头顶，大声喊了声："老师好！"她微笑着叮嘱："骑车小心。"那一刻，朝阳正升起，她的脸被镀上了一层金黄色，我忽然觉得她真美丽，连同她的职业。

感动

语文老师又艰难地弯下腰，拾起掉在地上的粉笔头，其实桌上有满满一盒崭新的粉笔呢。看着她小心翼翼弓下腰，尽量直地挺起上身，拿起粉笔，又缓缓站起来。不过一个简单的动作，可她做得很艰难。我无意中听她在办公室和别人闲谈，说她腰肌劳损，腰疼好几天了。她从不放弃一个小粉笔头，就像不放弃班里学习最差的学生一样。她说她是穷孩子出身。

教室里寂静而又温馨，50 多双眼睛默默地看着她，50 多颗心灵被春风拂过。

瘦小体弱的母亲跪在床沿上，吃力地扶起当年身强力壮的父亲。一边腾出右手拿枕头立在墙上让父亲靠，一边像幼儿园阿姨那样发了一个标准的音："坐，坐一坐。"父亲张了张了口，吐出一个模糊不清的音节，然后像孩子一样不好意思地笑了。"不长进呀。"母亲轻轻戳了父亲的额头，脸上浮起的却是宽容幸福的微笑。

途经窗口的我又看到了这熟悉的一幕。想当年他们也是经常吵架，母亲也经常赌气回娘家。可自从父亲半身不遂后，他们却又成了恩爱的夫妻。

隔壁那位年轻的叔叔又早早起来晨练了。近来总闻到他家飘出来的排骨汤的香味，与以前的节衣缩食比，好像突然中了彩票大奖一样。母亲告诉我，这位叔叔正“养精蓄锐”，因为他准备把自己的骨髓捐给南方一个患白血病的陌生的阿姨。

看到楼下神采飞扬充满活力的叔叔，看到他身后正徐徐升起的太阳，我感觉这个世界永远都是春天般的温暖。

到邻居家借东西，看到5岁的囡囡手里拿着玩具电话，奶声奶气地说：“妈妈，别忘了洗手，穿好隔离服……”她爸爸笑着对我说：“每天都玩这个游戏，乐此不疲。”囡囡放下电话，仰起小脸天真地问我：“阿姨，你什么时候穿裙子？”我一脸疑惑，他爸爸向我解释：“穿裙子就是夏天了，她妈妈告诉她‘SARS’病毒最怕夏天了。”看着孩子纯真的小脸，还有她爸爸疲惫的脸上善解人意的笑容，感动的涟漪在我心底慢慢漾开。

只有懂得感动的心才有可能去感动别人，让鲜活的心灵浸润在感动的温情里，这样它才不会生厚厚的茧。

心中的春天

那年的春天似乎来得特别迟，总觉得一切冷冷清清的，冬的余味似乎特别浓。

对于刚刚调到这所中学，而且突然由自己所学的专业改教语文的我来说，一切似乎很不尽如人意。更糟的是，因为一个同事调走，我不得不担任他原班的班主任——那是个怎样的班呀！成绩糟，学生乱，据说那个教数学的女老师都被他们气哭三回了。

做了后娘，而且摊上了不懂事的孩子。

于是，我整天板着脸，不仅为了威慑他们，而且自己似乎也找不到快乐的理由。

那天，我正在电脑旁打论文，因为业务不熟，小鸡啄米似的打法太慢，放学了，论文还剩了一大半。回家也无事可干，于是伸了伸懒腰，继续加班。

不知不觉，到了学生吃饭的时间，按照惯例，又该到教室看看那些淘气的孩子了。但看看论文，只差几段就打完了，于是加快速度，争取几分钟完事。

突然，听到外面有动静，似乎是几个孩子的嘀咕声，扭头一看，熟悉的面孔，我班的学生。心里有些气："不好好吃饭，对什么都好奇。"

我仍然不动，继续打字。

我能感觉到他们没走，仍有嘀咕声。刚想起身训斥几句，他们突然跑了进来，站在我身旁，脸涨得通红。一个学生两手放在身前，不住地揉指头，另一个则两手放在身后。未等我开口，他们说话了：

“老师，你……没……吃饭……”话未说完，那两只放在身后的小手捧出两个火烧，热腾腾的。未等我反应过来，他们已放下火烧，逃也似的跑了。

我呆呆地坐在那里，想着那两个我仅能叫上名字的孩子，望着这两个火烧，一股清凉的液体从眼睛里流出。

窗外，杨柳随风飘拂，那样轻柔，似乎能感觉到春风的温暖，远处，不知名的小鸟叽叽喳喳地叫着。

“为什么我不能感觉到春天已经来了呢？多美丽的季节呀！”我笑了。

贵族俱乐部

那样单纯的日子已是不可再得了，可是那样单纯的心境确是可以唤得回来的，让我拿起笔，摊开纸，再来细细描绘吧……

——席慕蓉

如果按“三个女人一台戏”的说法，一个宿舍，八个女生，会有多少精彩的戏上演呀。

我们305宿舍，简直是“群英荟萃”，有数字为证：我们宿舍有3/8的人参加过校内大型文艺演出，3/4是校合唱队队员，5/8参加过校运动会且拿过大大小小的奖，不用细算，每个人平均至少有一次在学校“露脸“的机会。年底的奖学金，八个人都有！而且得三等奖的在宿舍内就毫无颜面。连生性严肃的辅导员都开玩笑说：“简直是305宿舍的分红会了”。

于是乎，在男生宿舍内，305宿舍成了最抢手的“联谊宿舍”。其中，以男318宿舍最为执着。

每逢假期，学校为了方便管理，规定女生的被褥一律送到七楼。每到那一天，我们舍前可谓“车水马龙”，全是318宿舍的。看别的女生香汗淋漓，我们嘴皮都没动，十分钟内“战场”绝对打扫干净。

只可惜，318宿舍得寸进尺，他们蠢蠢欲动：不想让关系止于友谊。

但我们八个人成立了“（单身）贵族俱乐部”，打出拒绝恋爱的旗号，于是乎，318宿舍出师不利，有他们舍歌为证：起初是《爱你在心口难开》，后来改为《霸王别姬》，再后来改成《很受伤》，最后定为《失恋战线同盟》。面对他们的可怜相，我们仍面不改色地唱着我们的舍歌：小河流水哗啦啦……

只可惜，我们的俱乐部到大二下学期，便解散了。

首先宣布退出的是我们的舍长，当我们周日大出游时，她吞吞吐吐地向我们请假，我们面面相觑，不得不悲痛地承认“所有的猜测都已成真”：那个每天早晨唱着“我站在，猎猎风中………”等舍长的男生，终于用他的风雨无阻俘虏了我们亭亭玉立的舍长。于是我们七个团结一致，先是批评她立场不坚定，又对她“动之以情，晓之以理”，她惭愧得紧低着头，可怜得像挨批斗的地主。可是，无论我们怎样苦口婆心，她却“去意已定”，我们对此痛心疾首。

“万事开头难”，此事开了头，一发而不可收。

第二个请假的是舍长的上铺阿莲。

其实阿莲的请假完全在我们的意料之中，唉，像她那样既漂亮又乖巧的女子，生来就是被人爱的。她的阻力似乎比舍长小，而胆量却比舍长大得多，因为，面对我们剜人似的眼睛，她居然说“爱情和咳嗽一样不能忍”。唉，我们不得不面面相觑。由此可见，“爱情是传染的”——这是我们宿舍一致的结论。

事实再次证明，我们的结论是正确的。

当云儿（阿莲的左铺）的行动变得有些鬼鬼祟祟的时候，

我们悲痛地发现，我们的俱乐部，人，又少了一个。

当梅子向我们借钱买衣服时，面对她的背叛，我们已是“强弩之末”。于是，我们保持沉默。她轻松地掏光了我们口袋里的钱，欢快地退出了我们的俱乐部。

面对这个令人伤感的局面，我们“老大”每晚都要给我们“讲故事”：

“……鸟儿们为了寻找幸福，纷纷离开了它们齐心建立的巢，是呀，总会有这么一天，谁让它们长大了呢？但仍有一些守巢的鸟，等着同伴受伤后回来，好为它们抚平伤口”我们每晚就是听着这么凄美的故事入睡的。

伤倒没有受，但是，她们四个纷纷坠入爱河的女孩，从此可就“为情所累”了！看她们或是红光满面，顾盼生辉，或是痛心疾首，暗自垂泪，我们剩下的四个整天像看爱情肥皂剧一样，过足了眼瘾，并深发感慨：爱情是个折磨人的东西。

好在她们几个的恋爱并没有稀释我们八个的友谊，而且还让我们也快乐了许多：比如当她们中某一个过生日的时候，我们全体刚凑钱给她买了蛋糕，晚上准会收到她男友的回赠：或是一个大大的西瓜，或是八支火炬雪糕，或是一方便兜水果，请众姐妹“资源共享”。

可是，我们仍旧怀念我们的“贵族俱乐部”……

对了，补充一句，她们四个虽是“名花有主”，可男318宿舍一个“主”也没摊上，气得他们大骂我们“白眼狼”。但这并没有影响我们的宿舍仍是“手牵手”的好兄妹，放假前，他们仍旧大汗淋漓地为我们搬行李。毕业的时候，他们无不感慨地说：“我们用自己的行动证明了：男女之间除了爱情，还有友谊。”倒也没让人听出酸溜溜的味道。

“……我的青春小鸟一样不回来”，王洛宾的歌曲虽旋律优美，但有些忧伤，所以，还是用泰戈尔的名言结尾吧：天空没留下鸟的痕迹，但我已飞过。

屈指算来，我毕业都已四个年头了。不知我各奔东西的众姐妹，忙碌之暇，会不会想起我们的305宿舍和我们的“贵族俱乐部”？想起我们一起走过的那段难忘的青春岁月……

怀念我的小脚奶奶

爷爷去世的时候，奶奶才35岁，作为长子的爸爸13岁，正读初中。我还有两个姑姑，一个叔叔。对于那个年代我很陌生，只知道当时所有的人都挨饿。奶奶说她曾经黑夜去野地挖野菜，错挖了有毒的，结果导致全家中毒，每次说到这里，她都愧疚得很。别人家都曾饿死过孩子，可父亲、叔叔和两个姑姑都被我的小脚奶奶养活了。

我很大的时候，才知道大姑姑是奶奶要来的，我对她在那个挨饿的年代要个孩子很不理解。她说那时大姑姑和她母亲要饭要到她门口，大姑姑瘦得太可怜。奶奶去世的时候，大姑姑哭得最难受。

我在村里读小学的时候，一年冬天下了雪，邻家的孩子在上学的路上摔折了腿。从此，每年冬天下雪后，人们都会看到一个小脚老太太早早起来扫雪，她身后的路越扫越长，一直延伸到几十米外的学校门口。那就是我的小脚奶奶。

奶奶没有文化，却把读书看成很神圣的事。我记得叔叔家的弟弟因为淘气，被老师打断了教棍，一向娇宠这根独苗的奶奶，很认真地从村头的柳树上折了根棍子，打磨得光溜溜的还给了老师。我读高中的时候，在班里是学习委员，奶奶知道后，很自豪地和别的老太太说："我孙女在县城里念书，还当官呢。"叔叔一直是村里最富有的，可奶奶从不曾吹嘘过。

她对我们街上所有的小孩子都出奇的好，每次姑姑们带给她好吃的，她都大方地分给孩子们吃，我们对此甚至抱怨她，她说："我吃了当啥。"

我们家一直和村里的某户人家有过节儿，据说是他在挨饿的年代骗了奶奶的钱，当年还经常欺负甚至侮辱年幼的父亲和叔叔。前几年他老婆得了癌症，村里号召给他捐款，奶奶劝叔叔也捐上 20 元钱，叔叔大怒，说是苍天有眼，他罪有应得！奶奶叹着气说，不看僧面看佛面，他还有个可怜的孩子呢。叔叔最终还是没少了捐钱。

父亲去世的时候才 53 岁，在我们全家都痛不欲生的时候，奶奶却坚强地撑着，只说了一句，让我们全家肝肠寸断："苦了孩子他娘。"后来，她悄悄地把镜框里父亲所有的相片都拿了出来，那张全家福，她也用一张硬纸板遮住了父亲的头像。父亲去世以后，她坚决地取消了母亲每年给她 600 斤粮食和 300 块钱。为此叔叔一直不能释怀。平时她很明显偏向母亲，甚至留给小孩子们吃的东西，她也很固执地和母亲推让，母亲每次都笑着象征性地吃一点，转过头去，眼圈红了。

每年春收秋收的时候，她都和街上的人帮忙（母亲跟着我进了城，叔叔经商，都不要地），她 81 岁那年，因为被我接到了县城，秋收的时候，还一个劲地嘟囔没和谁谁家帮忙，一个劲地说，那家的懒媳妇呀，也不知什么时候干完。

我奶奶连自己的生日也不知道，因为她母亲没给她记，她也没有自己的名字，她坟前的碑上只刻着"宋王氏之墓"。

天下有多少奶奶这样的"宋王氏"，她们没有学问，也没有自己的事业，可是她们身上的隐忍、宽容、善良的品质，让我这个知识女性高山仰止，肃然起敬。

瞬间的温暖

修完自行车，我把五元钱递到那双粗糙的手里。

“等等。”他温和地唤住了我。弯下腰从杂乱的工具箱里拿出一个油乎乎的小瓶，走到我身边，蹲下身，一手摇着自行车的踏脚，一手往车链上滴了些润滑油，说：“这样骑起来轻松些。”我心里一热，很真诚地道了谢。他回转身，又从地上拿起一块油乎乎的破布，把不小心滴在链盒上的几滴润滑油用布擦去，顺便把别的地方擦了擦，不无怜惜地说：“你们这些年轻人呀，只知道骑，一点也不爱惜，多新的自行车呀。”

我忽然呆在那里，有种落泪的冲动。

这温情的话语，这熟悉的动作，蓦地让我想起父亲。在我的经历中，只有父亲为我做过这样体贴温暖的事。

父亲在世的时候，为刚参加工作的我买了一辆崭新的自行车，当时家境贫寒，这也算一大笔开支，刚开始我很宝贝它，经常用布擦上面的尘土，下雨天回来，不管多累，都是先冲洗自行车上的泥。

然而久了，新鲜感也淡了，就再也懒得精心管它了。

可是自行车却一如既往地干净，骑起来一如既往地舒坦：沾上土了，溅上泥了，车胎扎了，闸失灵了，铃不响了……都不用我操心，下班随意放到那里，明天再次骑上时，依旧是干干净净，轻轻松松。

因为那时有父亲在呀。

父亲病了，那自行车也憔悴了，每次骑它，和我一样无精打采。

父亲去了，那自行车也无法再骑。生锈了，链子松了，闸失灵了，一切开始变得不顺。后来，就被弃放在储藏室，不用了。

后来又买了新的自行车，却无人再为我保养，偶尔去修理，也只是“头疼治头脚疼医脚”。

然而今天，那位和父亲年龄相仿的修车老人，却让我重温了那别样的温暖，让我在漫漫旅途中，凄风苦雨里，再次找回被岁月吞噬的情感和记忆，激活了我的心灵，让我温暖，也让我学着释放温暖。

体面的父亲

姐姐去邻村走亲戚，回来后号啕大哭。她告诉我，有人知道姐姐是哪里人后，兴致勃勃地跟姐姐打听一个人，说他年轻的时候，京剧唱得特别好，人也特别要好，穿得又干净又体面。姐姐说完，幽幽地问我："你知道他打听的这个人是谁吗？是咱爹呀。"

我的心像被针刺了一般痛。我们第一次知道，原来年轻时的父亲曾经那么要好，穿得又体面又干净。

可是，从我记事起，我就没记得父亲穿得体面干净过。

好像有那么一次，父亲跟母亲提起，要村里的裁缝给他做一身中山装。因为他常年在外面推销帆布，说穿得寒酸连人家的大门都进不去。后来真做了一身，父亲当宝贝似的，用它过了五个年。现在想想，在当时，父亲一定因为衣着寒酸，受过不少歧视吧。

母亲查出病来的那年，我正读高三，妹妹也念初三，都是紧要关头。瘦弱的父亲忽然变得健壮起来。一个人担起家里所有的农活，而且，为了添补家用，还养了两头猪。后来，两头猪又下了 20 个小猪崽，两头猪被父亲养得肥肥壮壮，小猪崽也飞快地长膘。父亲整个冬天忙着喂猪，连屋门都很少进。

那时的父亲，整天腰里围个大襟，穿一双肥肥的黑色布棉鞋，鞋面上整天沾着猪食，很脏，连他自己都意识到这一点，一冬天很少进屋门。

再后来，父亲贩卖大米。走街串巷，风雨兼程。为了省钱，父亲把母亲擀好的油饼，用厚绒布包好，放在怀里，当午饭用。渴了，就用那个舀大米的搪瓷缸子跟好脾气的人要口水喝。

你可曾见过，那些赶着马车，满街吆喝，一脸沧桑的五十多岁的老头，穿得干净体面过？

后来父亲做了手术，整天一个人坐在板凳上，很少出去。我知道，他是因为身体外挂着导尿管，怕别人笑话。我多次劝他，他才在家门口，拣人少的时候，独自坐一会。那时我给他买了一件人造革的坎肩，他喜欢得不得了——其实才20多块钱，只有出去坐的时候才舍得穿。只可惜，没多久，他就去世了。所以那件坎肩又新又干净。这件他认为很体面很干净的唯一的一件衣服，因为是人造革的，又不好在坟头烧，母亲就把它送给村里一个放羊的老人了，他也喜欢得不得了——在我们那，人死后，生前的衣物是沾了福气的。

这就是我的父亲，苦命的父亲。一辈子都不曾穿得体面干净过。可是村里认识他的人，一提起他，仍然说他活得体面、干净。

你不是那平凡人

晚上睡觉前我在客厅拖地，儿子在他的卧室写作业。

当我拖到他的房间时，他貌似随意地问我："爸爸在单位属于什么级别？"我一听他的话，立马想到的是当今的孩子真是爱慕虚荣，不仅比家庭条件，还比父母的级别。于是我很厌恶地对他说："你爸爸和我在单位都是最最普通最最平凡的人，全是小人物，没有什么级别！"

"妈妈，我觉得你说得不对，"儿子很认真地对我说，"我觉得你和爸爸都不是平凡人。"我一怔，继续听他说。"比方说你，上次别人来你们学校参观的时候，你不是被选中讲课吗？还有，你被学生评为'最受欢迎的老师'，你还擅长朗诵，在学校里还得过一等奖，你写的文章还在杂志上发表。"说完，儿子一脸仰慕地看着我。

"那你问爸爸的级别干什么？"

"因为有一次我看见爸爸在办公室认真地打扫卫生，我还知道爸爸每次都是第一个上班，我还知道爸爸替别人值班，我觉得爸爸真了不起！"

我忽然很惭愧。其实我还曾因被指名讲课喋喋不休地发牢骚：无名无利，只有准备课的辛苦；至于演讲，也感觉是领导硬派，不好推卸，自认倒霉；至于发表文章，更是惭愧，为了每年教科研得分，我埋头写作，待到发表后，感觉教科研分数已满，就又懒于动笔。

如果我早知道，所做的一切在儿子眼里，是他妈妈“不是平凡人”的表现，我一定会改变心态，快乐地去面对一切。

我今后再也不要这样世俗，这样懈怠，这样平庸，我要更积极更上进地去生活，绝不辜负儿子眼中的“不是平凡人”。

其实我们每个人都是平凡人，在生活和工作中总会遇到让自己沮丧的事，有时甚至被失败击垮了自信，觉得自己是这个世界上最无用最多余的那个。当世界和自我在自己心里黯然失色的时候，问问你身边的亲人和朋友，看看你在他们心目中的分量，你会觉得，原来你不是那平凡人。

对世界而言，我只是一粒尘埃，可是在爱我的人心中，我原来不是一个平凡人。

感谢身后那些欣赏的目光，让我们在坎坷的人生道路上走得更坚强。

生命的牵挂

父亲去世了。这突如其来的打击，令我一下子消沉下去。生命的无常，让我对它失去了留恋。就在那时，我怀孕了。我没有一丝一毫要做母亲的惊喜，甚至对于强烈的妊娠反应，心怀厌恶，更残忍地想："让他来到这个悲苦的世界，有什么意义？"完全沉浸在悲哀里，我不再顾及别人的感受，诸如母亲的担忧，丈夫的焦急。

又一次强烈的妊娠反应，五脏六腑翻江倒海，恨不得全吐出来。于是，我拒绝吃饭。母亲一次又一次地劝我，苦口婆心，也不知道她背着我悄悄流了多少眼泪。丈夫也耐着性子劝，哄孩子一般。可是，我无动于衷，只是悲哀地想：活着，受不尽的苦，又有什么意义？后来我终于熬不住，两眼昏黑，两耳轰鸣，甚至站也站不住了。不得已，我住进了医院。

那是一位年长的医生，父亲般慈爱。一想到父亲，我愈加悲痛，拒绝治疗。当我又一次悄悄拔了针头，那位慈爱的医生大发雷霆，对我吼道："你这个任性的孩子，太不尊重生命了！你有权放任自己吗？难道你的生命里没有任何牵挂吗？"然后，他一字一顿地说了一句话，醍醐灌顶，令我幡然醒悟。那句话就像一道阳光，直射进我阴霾已久的心里，让我从此活得阳光灿烂："没有牵挂的生命是自私的！"

是的，没有牵挂的生命是自私的！正因为现在的我有了对母亲安康的牵挂，对孩子成长的牵挂，对丈夫事业的牵挂，还有对我五十六名学生未来的牵挂，我才活得如此充实和快乐。

因为牵挂，生命才沉甸甸的，有了分量。

初念浅，转念深

无意中看到一篇文章的名字：《初念浅，转念深》，一下子就喜欢上。

生活中有多少事情，初念浅，转念深？

早晨，望着镜中的自己，不觉为眼角的几条皱纹，头上突兀的几根白发沮丧，惆怅地想："怎么就老了呢？"心有不甘，却转瞬化为无奈和更深的惆怅。

傍晚，放学回家的儿子把书包一甩，大声朝厨房中正忙碌的我喊道："先出去打会球，误不了吃饭！"晚饭做好的时候，他已经大汗淋漓地回来了。经过我身边时，才发现他又长高了，竟到了我的眼角。

吃饭的时候，他一边狼吞虎咽，一边还不忘给我和他爸爸夹菜。此情此景，让我心中顿生一种暖暖的心安，早晨的不快一扫而光。

转念想：如若时光停滞，眼前怎会有这个不断成长、慢慢懂事的乖儿子呢？"化作春泥更护花"，世间哪一个父母不是用自己的苍老换来子女的成长？

于是，坦然接受老去。

多年的好友因工作调动到了遥远的异地。想到以后再不能勾肩搭背，再不能秉烛夜谈，再不能惺惺相惜，再不能"狼狈为奸"……心中隐隐作痛。面对她离去时渐行渐远的背影，恨不得像个孩子，跑过去，抱住她，耍个赖。

以后的日子，太阳照常升起。学会了一个人独处，习惯了静静地思考。思念无法遏制时，一个电话打过去，知道她一切顺利，也就心安。

转念想，人生就是一个驿站，我们需要面对不断的离别。在不断面对中，我们学会了独立，逐渐成熟。生命中不断有人离去，也会不断有新的面孔进入。拥有过的美好铭记心底，就谈不上什么失去。

于是，坦然面对离别，欣然迎接明日，慢慢变得豁达和成熟。

至亲猝然离去，成了生命中不能承受的痛。回首往事，一切恍如隔日，顿觉生命无常，索然无味。悲痛和绝望像一块巨石压在心里，眼神变得黯淡无光，心灵变得黯然失色，生活变得暗无天日。

某一日，忽见灿烂的朝阳，雨后的晴空，仰着头微笑的向日葵，风中摇曳的野花，还有草丛中悠闲踱步的毛毛虫……忽有一缕阳光射进一度潮湿的心灵，心中的阴霾竟慢慢消散。

转念想：生活中毕竟还有这么多美好的事情。怎么能因为一粒黑子就否认了太阳的光明？逝者唯愿生者幸福快乐，不愿他们因为怀念和悲痛蹉跎了活着的时光。让生命享受快乐，提升活着的价值。活得更好——或许这才是对逝者最好的悼念。

于是，收起悲痛，快乐地迎接阳光。

初念浅，转念深：我是如此喜欢这几个字。

无论我们幼稚还是成熟，无论生活中出现的是小问题还是大矛盾，让我们在初念之后学会转念，生命也会因此转弯，在山重水复之际，迎来另一番柳暗花明。

童年的秋天

说到秋，脑海里忽然涌现出大片大片的棉花：白如雪，轻似纱，柔若云。

小时候，家里包了大片地种棉花。秋天一到，我们姐妹三人都得跟着父母拾棉花去。

此时棉花叶已枯黄，不经意一碰，即会发出清脆的声音，虽然如天籁般纯净好听，但如果不小心碎进腰里系的棉兜里，麻烦可就大了——你得小心翼翼地一点一点从洁白的棉花上挑出来。所以我经常偷懒，一手遮住棉兜，一手轻轻地揉黄黄的棉花叶，手心痒痒的，声音脆脆的。

地垄很长，拾一会就厌倦了，一抬头，还看不见地头，都快绝望了。

小妹就要赖不干。——当时她也就九岁光景，母亲就会偷偷地告诉她：地头上某个包袱底下藏着几个大苹果。她就兴奋地一路小跑到地头。

我和姐姐心照不宣，知道妹妹回来必有惊喜。

妹妹回来的时候，手里捧着三个大苹果，邀功似的分给我们。我们就坐在棉地里，顾不得手上还黑乎乎，大口大口咬着脆生生的苹果，那甜甜的果汁溅得脸上四处是。——怎么再也没吃过那么香甜的苹果呢？

吃苹果的时候，我就抬头看天，看湛蓝的天上，白云变幻着各种图形：我想象为天宫里偷偷溜出来的马匹，仙女放的羊，和嫦娥做伴的玉兔，一方仙女遗落的丝巾，还有各种凡间没有的动物。后来第一次学“天高云淡”一词，我立马明白它描绘的是什么样的图景了。因为，很久以前，我们相识。

为什么只有小时候的天空才是真正的天高云淡？后来的天空是不曾那样洁净过，还是没有那样纯净愉悦的心情？

吃完苹果，再干活就有劲了。

母亲也心情大好，给我们讲很多故事，故事的大意依稀可记，可听故事时的心情，清晰如昨。

如果再烦了累了，母亲就会胸有成竹地说，第几垄里，往前或者往后多少步，棉花下面种了甜瓜，我们三个就兴奋地跑过去，迈着大步子丈量，果然，那个散发着香味的金黄的大甜瓜就准确地在那里。它静静地匍匐在那里，散发出来的诱人的香味，结结实实地飘进我们鼻子里，那香味就在幼小的心里晕开了一大片。那时，母亲是我们心中的英雄——一肚子新奇的故事，能准确地说出甜瓜的位置。而现在，我们成了母亲心中的依靠。

晒棉花的时候，我负责看守。等到中午太阳正烈时，需要用手把棉花翻过身来，以晒另一面。翻棉花的时候，那晒得又胖又软的棉花，手感极好，带着太阳的温度，通过手掌绵绵地传进心里。

到了晚上，父母就把棉花堆起来，这时候，我们三个最爱做的事情，就是在父母半真半假的呵斥声中，调皮地躺在堆好的棉堆里，等着父母用棉花把我们埋起来，那时感觉全身暖融融的，做一个深呼吸，那阳光的味道真甜呀。

我们都盼着卖棉花的那一天，因为早在我们拾棉花的时候，父母就许诺了：好好干，卖了棉花给你们买新衣服。

怅然一数，已经历了四十多个秋天了。然而，唯有童年的秋天不寂寥，唯有童年的秋天最温暖：没有阴冷也没有伤感。

怀想那久远的幸福

早上值班，忽然听教室传来学生的齐诵：“日出江花红胜火，春来江水绿如蓝，能不忆江南？”这美丽的诗句把我的思绪一下子扯远了，脑海里猛然蹦出许多这样美丽的诗句：

“两个黄鹂鸣翠柳，一行白鹭上青天”，黄鹂，蓝天，翠柳，还有，仰望时那份闲适的心情。

“青箬笠，绿蓑衣，斜风细雨不须归。”斜风，细雨，还有一份与世无争的恬淡和惬意。

“晴空一鹤排云上，便引诗情到碧霄”，蓝天，白云，无限的遐想。

“迟日江山丽，春风花草香”，初放的百花、如茵的芳草，芳香了单纯的心境。

还有，“燕子不归春事晚，一汀烟雨杏花寒”“黄梅时节家家雨，青草池塘处处蛙”“屋上春鸠鸣，村边杏花白”……太多了，它们一起涌入我的脑海，幻化成一幅幅美丽的画面，清晰地浮现在我的记忆中。

这样如诗如画的场景曾经出现在我的童年。

小时候的天怎么就那么蓝呢？花那么红，草那么绿。鸽群带着哨音掠过天空，三三两两的风筝，还有新翻泥土的清香，还有村边小河里传来的蛙声一片，下大雨时地面上溅起的水花，还有雨后天上的彩虹，还有，还有……

可是，这些美丽的画面怎么就一去不复返了呢？我似乎很久没听到蛙声和鸠鸣了，似乎再也没看到白鹭和青天了。

触目都是冰冷的高楼，还有那些冒着黑烟的大烟囱。

至于“斜风细雨不须归”和“便引诗情到碧霄”的悠然心境，似乎也只在童年里有过。

那个天真单纯的乡下小丫头，每天放学后就挎着筐子和同伴沿着村边小河的岸边，去那些高低不齐的槐树边，采青翠欲滴的槐树叶子，喂姐姐买的白兔，指望它的毛快快长长，姐姐卖掉后承诺给我买一本小人书。

采摘烦了，就扔下筐子，到河底去找“嘀咕笛”，那是一种植物的幼芽，刚刚冒出头，尖尖的，又细又长，很多层的叶子包裹着。我们要尖着手指，力度适合地把芽子拔出来——力太猛就会拔断，力太轻又拔不出。那么嫩的芽，有着青草的香味，放在嘴里嚼，嫩得发脆，汁液微甜，那是我们最爱吃的“零食”，百吃不厌。

还有一种叫“茅草根”，顾名思义，是一种植物的根，扎根浅，从土里翻出来，还沾着土，只用手随便一擦，放在嘴里猛嚼，甘甜的汁液便浸满了嘴，回味无穷，一直甜到心里。

还有一种叫蚂蚱菜，茎很有弹性，女孩子就把它们掐成一节一节的，中间用细细的有弹性的茎断断续续连接，挂在耳朵上做长长的耳坠，或者放在脖子上，做冰凉的项链。男孩子喜欢将它支在眼皮上，做怪样子吓人。

玩够了，才想起扔在一边的筐子，跑过去，用手把压紧的槐叶弄蓬松，看上去也是满满的一筐了，回家蒙混爹娘一个笑脸。

……

想起这些，心里涌起久违的幸福感。

真的，是幸福感。如若让我回味这半生最幸福的时刻，这些画面就很自然地浮现在我脑海里，萦绕不散。

为什么生活越来越富裕，我们的幸福感却越来越弱呢？为什么每日里行色匆匆，到晚上身心俱疲，心里却茫然一片？

怎么就越长大越孤单呢？怎么经过苦苦奋斗换来的一切，却抵不上小时候清贫岁月里那些简单的美好和单纯的幸福呢？

在这个工业迅猛发展的年代，我怀念那久远的幸福。

这悠长的岁月

闲来无事，整理书架，忽然发现书架上自己往日的几个日记本。

最底下的一个，是粉红色的书皮，上面画的是一个女孩在树下荡秋千。

里面记录的是大学时光，那无忧无虑的岁月啊……

那时的字故意写得龙飞凤舞，放荡不羁，某一笔故意拉长，字与字之间紧紧相挨，密不透风，只让人看得累眼。

年轻的时候，从来不懂得“距离产生美”，爱恨情仇，一定要黑白分明。

怎么忘记了那时自己有画画的爱好和天赋？简单几笔，勾勒的是一排往南飞的大雁，是一个戴帽子的少女，是一只握笔的纤纤细手……勾勒的全是少女最浪漫的梦。

那时摘抄的全是一些纯净的爱情故事，完美无瑕，印证了当时的爱情观：宁要伤痕累累，也拒绝平庸无奇。

现在明白这童话般的爱情早已绝迹，可我还是觉得，这个道理迟一点明白是幸福。

合上本子，放回原处。再恋恋不舍的青春，也终究要过去，宛若过眼云烟，你极力伸手遮掩，无奈它却轻悄悄地从你手边滑过，徒留怅惘。

另一个本子是工作之初用过的，上面还清清楚楚记录了自己每月的工资和每月的开销。也不过525元的工资，却觉得足够富有，除了日常开支，每月竟可以交给家里400多块！那时的物价真低啊，在那个偏远落后的小镇，每次赶集可以大方地买水果，不像现在，寥寥无几的苹果，还要一张十元的大钞。从来没有买过肉，连鸡蛋也很少买，重大开支就是衣服，从集市上买的，便宜得令人咂舌，可怎么记得当时穿上，自我感觉美得冒泡？即使青春无美衣，可仍旧无法遮掩青春的熠熠光华。

而现在，工资涨得快，却总快不过物价。孩子的教育，老人的养老，压在自己身上的房贷……怎一个“穷”字了得！整日行色匆匆，累得灰头土脸，没钱买昂贵的化妆品和高档服装的中年女子，却还要面临从老公那里下岗的危机。这世道，到哪里说理去？

后面还记录了因为人际关系滋生的小小烦恼：不够周到，不够圆滑，说话耿直不委婉……

其实现在仍没长进，只是少了烦恼。没有谁会时时处处赚个好，为人处世，不光是做给别人看，更是为了自己的良心。特别喜欢天后王菲的特立独行，或许正因为做不到才羡慕。这个世界上有很多人可以互相欣赏，还有很多人也仅仅是点头之交，对于“道不同不相为谋者”，宽容最好，做不到也不勉强，无视走过。能受了的委屈就忍耐，忍无可忍，就释放。毕竟活着不是给人看的。

还有一个本子记载的是恋爱结婚生子，幸运的是男主人公一直没变。

看完后哑然失笑：原来人生中最曼妙的时光，我就是这样匆匆忙忙、跌跌撞撞地走过的。没有那些爱情肥皂剧中的悲欢离合，也只是一种“原来你也在这里”的默契。

也有过花前月下的卿卿我我吧？还记得漆黑的夜晚，我在桥上等你安然回家；还记得狭仄幽暗的房间里，费尽心思做给你的晚饭；还记得晚饭后一起散步，你拿个收音机，我们静静地听里面传出的优美的旋律；还记得你为我买过风铃和八音盒，难为你这个木讷的人了……

这些回忆温暖了那段贫穷的岁月，是我们人生中最幸福的底片。

我觉得自己不是个贪心的人，我只要安心的感觉，即使人生再苦再累，我只牵一双让自己安心的手，便觉幸福。

还有一本是关于孩子的日记。

宝贝，原来你曾经那么胆小，连清洁球都不敢碰；宝贝，原来你小的时候，最好的朋友是妈妈；宝贝，原来你一岁半就可以背七八首唐诗了；宝贝，原来你什么好东西都不要，只要爸爸妈妈陪你；宝贝，原来你小时候是个语言大师，童言趣语显示了你的语言天分……

原来，时间过得这么快。我还以为你是个小小孩，你却已经高过我半头，成了一个翩翩少年了。原来，我曾经对你那么耐心和宽容，原来，你小的时候那么快乐，原来，成长也是一件悲喜交加的事情。

再后来的几个本子，就是记录现在的。都零零星星地记录了一些工作琐事，有的还是备忘录。有一篇记的是自己班级考砸了，满页的忏悔，压力蛮大的。有一张是记录工作压力大导致失眠的烦恼，还有几页记的是计算机培训，密密麻麻，很是细致。还有一些是教学随笔，记录自己教学的成败得失。

我喜欢自己的这种工作状态。无论多成熟，对工作仍是不应付。我不喜欢混饭吃的工作态度。工作是最能体现个人价值的事情，无论爱与不爱，都必须尽己所能，问心无愧。我不争名夺利，可我喜欢以自己达到的最佳状态和成果证明自己。

把所有的本子整理好，放回书架。忽然感觉，自己一下子经历了那么长的岁月。

也曾如花美眷，千般流转，终不敌这似水流年。

那件压箱底的衣服

曾经在网上看到一条长及脚踝的素花裙子，配上模特细长高挑的个子，怎么看怎么就是我理想中的样子：一袭长裙，长发披肩，微风吹来，裙袂飞扬，该是如何的轻松惬意。当时就认定，我要的诗意生活就是这样子，或者再准确一点：只要穿上这条裙子，就是我想要的浪漫和诗意。

于是，当机立断，立马拍下，付款。

等待的过程是甜蜜的煎熬。

想象着自己穿上这袭长裙，于万家灯火之外，寂静的小路，一个人，静静散步。清风徐来，长发随之飘拂……

裙子终于在期盼中如期而至。

可是，满怀欣喜地穿上，对着镜子，怎么看怎么失望：因为我没有高高的个子，细细的长腿。因为那条裙子，腰部的褶太多，腰部就显得臃肿了，全没了想象中的超凡脱俗。

没有人能够体会我的失落。这不单是一件裙子的事，是我的满腔的理想和热情。

于是，把它挂起来，痛下决心，减肥。

以后的几天，果然见效。

再穿上，镜子前面出现了一个窈窕佳人。果然有超凡脱俗之气。

可是，那么长的裙子，而且上面飘满了杂乱的小花，配什么上衣呢？

绞尽脑汁，逛遍了身边所有小店：吊带显得脱俗，可是，到了这把年纪，露出来的可就不是青春和性感了。上面有图案的T恤？裙子本身就够花的了，那样一搭，怎一个乱字了得。纯白色的T恤？哪里有呀！这个世界已渐渐抛弃了简单，设计师恨不得拿个染料盒把全世界都画在小小的T恤上。

只好在家，穿上个小吊带，孤芳自赏，顾影自怜。

后来，终于踏破铁鞋无觅处，得来全不费工夫：在一家小店里，我发现了一件高领纯黑T恤，虽然我不太喜欢黑色，可是，似乎只有这神秘的黑色，才能压得住裙子杂乱的阵脚。

回到家，兴奋地穿上。左照右照，上看下看，终于可以潇洒出行了！

可是，这么长的裙子，骑自行车上班，裙角还不全绞进车轮子了？开车去？这么近的距离，刚发动就到了，有点夸张。步行？可是周围嘈杂的闹市中，飞扬的尘土，我一袭长裙，悠悠而过？怎么想怎么滑稽。

于是，满怀遗憾地换上T恤牛仔，蹬着自行车飞奔而去。——迟到了！

整整一个夏季过去了，我的美丽的长裙子就这样静静地躺在我的衣橱里，藏着我美丽的梦想，迎来了微冷的秋季。

……

夏天转瞬而至，又到了穿裙子的季节。

我拿出我压在箱底的长裙子，又把它挂在了衣橱里显眼的位置。明明知道，或许这一夏季，终究没有合适的机缘穿上它。

或许，每个女人都有一件压箱底的衣服，犹如每个女人都有一个甜美的梦：当是个小女孩的时候，梦想自己也有机会穿上水晶鞋，做令人艳羡的公主，迎来一段在这浮夸的世界仍保持纯洁的爱情；当人老色衰的时候，梦想自己终其一生爱的人，同样矢志不渝地爱自己；当人到中年的时候，梦想凭自己的奋斗赢得别人的认可……

或许这些梦想就像那件压箱底的衣服，似乎很少有机会在现实世界中大摇大摆威风八面地展示，可是，即使如此，它仍然默默地被我们珍藏在心里，不舍得放弃。

初见

这世界上的美丽或幸福，不是世界给我们的，而是我们的心和世界清澄的相映。

——林清玄

第一次于春寒料峭中看见突然绽放的白玉兰，美得那么决绝，睥睨天下，我一下子就被惊艳到。

第一次闻见君子兰幽幽的芳香，平日里不过是几片长叶子，不显眼，不美艳，可是不过几朵黯淡的小花，竟然让满室弥漫着淡雅的香气。那份肃然起敬，犹存心中。

第一次登上讲台，那份紧张，那份神圣，那份铮铮誓言，恍如隔日。

第一次与心爱的他对视时的慌乱与悸动，第一次做母亲的骄傲，第一次知道丑陋的真相后的痛恨，第一次经历亲人离去的痛苦……

后来呢？岁月的尘埃蒙蔽了单纯的心灵，漠然代替惊喜，不屑取代敬重，倦怠替代激情，习以为常代替愤世嫉俗。

人生若只如初见，真好。

所以，我们喜欢“永葆初心”这个词语，所以我们欣赏“愿你出走半生，归来仍是少年”这样的句子，那是因为，我们的初心，不知不觉，悄然无声地被丢弃在岁月的河流里，无处可寻。

眼里有了风霜，心灵无坚不摧的时候，忽逢某个场景，忽涌上某种感觉，似曾相识，这时候，你的惆怅就让你想起曾经的初见。

愿你用清澈如孩提的眼神，看这个纷纷扰扰的世界，你看得透，却仍旧喜欢，热爱，用爱和宽容应对一切的不幸，像鸟第一次飞上天空，像草刚刚钻出地面，像花刚刚长出第一个花骨朵。

愿你和这个世界欣然相处，既有初见的欢欣，更有久处的不厌。

我的老师

楚老师是我初中三年的班主任，教我们语文。

多少年过去了，可他在我心中的形象却依然那么清晰。

入学第一天，我清晰地记得他在班门口站着等我们的样子：一位长者，高高的个子，背着手，戴一副黑边眼镜，很严肃的样子。这副形象至今清晰地印在我心里：初中三年，每一个早自习，他都是早早地站在班门口，像第一次迎接我们一样，严肃地看着我们走进教室晨读。因为如此，我们班在当时的四个兄弟班级中，总是晨读最早、人数最全的。我记得当时只要自己比他去得晚，心里就惴惴不安，总觉得自己是迟到了，虽然那时别的班里灯还没亮。

如今，我也成了一名老师。我也曾经当过班主任，当我尝试着让自己像您一样，每天早上以身作则，以风标的形式站在班门口的时候，我忽然掉泪了。三年如一日，我记得，您几乎没有缺席过一次。

楚老师上课不苟言笑，很严厉，严厉到他上课班里几乎没有动静：连大气都不敢喘，谁还敢回答问题。如今看来，这样的课堂必定会被批得体无完肤，可我们的语文成绩却一直让其他班难以望其项背。

我还记得他的秘密武器：每单元学完，他都发给我们一张张手刻的密密麻麻的复习资料。我至今仍记得资料上安排的顺序：第一题是所有的词语，第二题是每课的重点段落，第三题是要求背诵的段落或者短文。最多复习两天，就进行班级测验，试卷也是他自己用钢板刻的，考试题目和复习资料八九不离十，所以，只要你认真复习，成绩一定错不了。

我刚做语文老师的时候，回想他的秘密武器，觉得他的做法古板而无创新，实在没有什么借鉴之处，甚至对他总结的那些知识有些嗤之以鼻。如今手中的复习资料多得自己都看不过来，发达的网络更是省去了手写的烦恼，只要一搜索，一复制，一粘贴，一打印，你要的知识就全都有了，再给文印室打一个电话，学生手中就会有一张张印刷精美、排版整齐、文字清晰的试卷。

可是，做了这么多年的语文老师，扪心自问：这么简单的活，我坚持了多久？

我想起当时几乎没有任何课外的资料，当时学校也没有专门的文印室，手刻钢板既需要技巧，更需要力气，不是每个人都能干或者愿意干的，而我们初中三年，每一单元都是这样复习和测试的。而当时别的班里，几乎一学期就考全县组织的唯一一次试。

我说起这件事的时候，一位和他同时代的老教师笑着说："老楚可格外（方言，意思是和别人不一样）了，我们那时根本没什么考评，上完课就回宿舍打扑克。"他还意味深长地补充道："那才是做老师的黄金时代！"

老师，我才知道您教好语文的秘密武器，是多么的珍贵！

老师，如今我接过了您手中的秘密武器，我相信，这武器是传世之宝，是我站在讲台上永不会失败的秘诀。

我们都害怕楚老师，可在心里却那么依赖他。

我记得他每晚都查宿舍，无论男宿舍还是女宿舍，风雨无阻。

熄灯后我们正在叽叽喳喳说长道短，只要门口传来那阵熟悉的缓慢有力的脚步声，我们立刻噤声，本想他走了后我们继续，可是，直到眼皮打架，门口那个瘦长的影子还在晃荡，就悻悻地睡着了。

三年来，一千多个夜晚，就是他的脚步声，就是他瘦长的身影，伴我们安然入睡。

如今，我也做了班主任，每当我对学校安排自己一周三次查宿舍不满时，我就想起您，无比惭愧。

这么多年过去了，我已经从那个十三岁的小女孩，变成了一位年近四十岁的中年妇女。可是，每年教师节我们几个同学去看他的时候，我怎么觉得他一点都没变呢？似乎他就一直以最初的形象站在我眼前。

我还记得他家里挂着很多小木镜框，里面镶着他教过的每一届的学生的相片，是毕业证上贴的那种一寸黑白相片，每一个学生的名字、性格、事迹他都记得清楚，如数家珍。

我还记得他问我们几个当老师的工作，我们说起李波在教学上的建树时，他很高兴地把自己珍藏多年的几本大字典拿出来，送给李波。

我还记得他总好盘问我们如今是怎样孝敬父母的，让我们还像当年被提问一样，小心翼翼地一一如实回答。

我还记得他说让我下一个教师节去的时候把爱人带上，一定把紧挨着他的那个座位留给他。同学就开玩笑地说他偏心，他很认真地说，闺女女婿是贵客。

可惜，再也没有这样的机会。

我已经有三个教师节不曾去看望他了。他永远地离开了我们。让我们几个，不，应该是他教过的所有的学生，在教师节的那天，想起他，泪流不止。

教师节又快到了，我想起那个每年都会坐在门口的石头上，孤独地等待学生们去看望的老人，秋风吹起他满头的银发，他用充满期待的眼神看着远方，看着我。

我最最尊敬的楚老师，一路走好！

寒冬里的小温暖

周末去逛银座女装部，没见着心仪的衣服，却为吊牌上的价格咋舌：天！不叫穷酸的女人过了？！

忽然看见了一件入眼的，拽着老公前去，偷看吊牌，价格在接受范围之内，暗自欣喜，看那导购员正忙着招呼别人，一看是一对近五十岁的夫妇。男的挺着肚子，从外貌看属于典型的“暴发户”（别骂我，没贬低的意思，实事求是），那女的倒是一副中规中矩的农村妇女模样：皮肤粗糙，穿着也有点寒酸。我听见那女的嗫嚅地说：“太贵了，能还价不？”那男的就很耐心地解释：“这不是赶集，不还价的。”那女的就大声说“俺不要了！”导购员有点急，看来那衣服挺贵，提成可观。那男的就很耐心地宽慰她：“你穿上真挺好看的。要了吧！”一旁拿衣服的也甜得发腻地说：大哥有眼光！于是，那男的就趁女的犹豫之际，让服务员笑逐颜开地开了票。

爱人见我发呆，就笑着推我：“是不是又想奉劝人家‘先从修炼气质做起’？”

“不是，我想说‘很感动’，这世道，挂念讨好糟糠之妻的发达男人可真不多。”

执子之手，与子偕老。无论贫穷还是疾病，无论落魄还是发达，这都是在寒冷的冬季让人倍感温暖的小故事。

昨晚又降大雪。今早开着车上班，我来了一次“如履薄冰”的真实体验。

路上好几个骑电动车的，看着都惊险。

前面一个骑电动车的妇女，格外小心翼翼，别人都是骑得很慢，她却是推得很慢。

车离她近了，我才看见她后座上坐了一个小男孩，包裹得严实，从形体上看，三四岁的样子。路上车多，我怕追尾，开得极慢，也就有空看清了那个悠闲自在的小男孩，头朝后仰着，手臂还有节奏地摆着，看来正玩得不亦乐乎。

这世间最安全最温暖的地方，恐怕就是妈妈用自己后背挡起来的小世界了。无论长多大，走多远，唯有在母亲的身后，才感觉最温暖。

晚上我们一家出去吃饭，回来得有点晚。小区门口停了很多车，一辆紧挨一辆，不好停车。

正好看见一个空位，可前面正好有一辆车在停，看来是个新手，倒了三次还是停不到位。

我笑着说："看来是女的。你过去帮人家停好吧。"爱人笑话我"好眼力"，说是一男的，还是安静等会吧。

可这位仁兄，未免太沉着了吧？或许是见有人等着，更有压力，停得更糟。

老公就开门下车，敲开他的车窗，一边打手势，一边给他讲解。果然长进，只倒了一次，车子就不偏不倚地停在了路边两车之间。

我在车里看着这一幕，感到心生温暖：赠人玫瑰，手留余香。我愿这世间触目皆玫瑰，花香永满园，余味留心间。

每次下雪后，一楼的阶梯都滑得让人措手不及。

有一次，来了一个收废品的大嫂，骑着一辆三轮车，收入颇丰：满满一三轮车。她自己拿根长绳子想从四周捆起来，从左边往右扔，扔了两次都没成功。我就跑过去，说：“你再扔，我帮你接住。”果然一次成功。

她很高兴地道谢。

我一边走上阶梯，一边双手紧扶住栏杆。她忽然跑过来，拿着一个撕成片的破纸箱，垫到台阶上，拾级而上，走到我身边，很得意地说“这样就不滑了！”

我朝着她笑了笑，真诚地说：“谢谢你！”

即使是大雪纷飞的冬天，可这世界上，总有一些东西可以帮我们抵御严寒，让我们心生温暖，继而传递温暖。我永远相信：这世界一定会越来越让人留恋，因为，愈是寒冷，我们柔软的心就愈渴求温暖。

最寻常的得意弟子

开学那天，才知道我接手的是五年级二班，儿子所在的班。

儿子就这样名正言顺地做了我的弟子。

说实话，我以前一直在中学教书，那时整天忙得昏天黑地，对儿子的学习几乎从未过问。好在，儿子也让人省心，每次问老师，都说成绩还算理想。

我查了一下他五升六的成绩，欣喜若狂啊！全年级第一。

看来他是我职业生涯中，最起码这一年里，最得意的弟子哦。

开始的时候，很别扭。

上课提问，总想多给他一点机会，可刚想点名，又怕自己嫌疑太重，于是，就换了别人。儿子性格本来就低调内敛，也就是内向。课上举手次数有限，被我略一迟疑筛选后，基本回答问题的次数少之又少。

一次，他不满地问我："上一节课，我举了三次手，你一次都没提问我。为什么？"

我委屈地回答："其实我也很想提问你，可怕别人说我偏向你啊。"

他很淡然地说："课上我就是你学生，和其他人一样。你就只这样想就行了。"

我释然。孩子说得多好啊，患得患失的人最愚蠢，所以才犯画蛇添足的毛病。

自此，他就成了我班里很普通的弟子。

比如晚上布置了语文作业，我说：“给你批改一下吧？”他说不用，和别人一样就行。

我布置学生周六周日把作文电子稿发到我的信箱，他也很规矩很准时地发给我，即使我俩相隔不过十步之遥。班里选五个学生参加学校举办的作文大赛，我偷偷问他愿意参加否，他很奇怪地看我一眼，说：“你不是在课上说要通过三次考试，取其平均分吗？问我干吗？”我真羞愧。

有时同桌互批试卷，他也会和别人一样，乖乖站起来，问：“老师，你看这道题这样回答得几分？”

有时晚上其他学科作业多，他就忙到晚上十点多，我很心疼，就说语文作业先别做了吧。他头也不抬，闷声说不行。

总之，他成了班上我最寻常的弟子。

当然，他可能比别的弟子更爱我。

有一阵子课堂气氛沉闷，我容易发脾气。他就很乖地积极举手，以他的性格，这实在是很难得。

有一次，学校为了迎接上级检查，组织学生星期天打扫学校卫生。消息一出，班里充满抱怨声。我就笑着说：“好好干，老师有奖品。”

周一的时候，因为忙，我就忘了。计划放学后去超市买点水果和孩子们爱吃的小零食。

放学的时候，儿子在车上很郑重地叮嘱我：“不能言而无信，否则以后同学们就不相信你了。”很是为我操心。

学校以班级为单位举行歌咏比赛，我们班的参赛曲目是民歌《茉莉花》。为了在形式上新颖，我就让他先小提琴独奏一段，再引出班里的合唱，可是对于性格极内向的他来说，却是一件很怵头的事。他毅然拒绝了我的要求。后来，我无奈地说：看来这次歌咏比赛我们班是惨喽，本身唱功一般，形式再一般。他皱起了眉，沉思许久，很果断地接下了任务。自此，夜夜苦练小提琴——当然，这纯属我的理想，他还是像以前一样被我唠叨加恐吓几遍，才无奈地拿起小提琴。

这个最爱我的弟子。

可是有一次全年级摸底小测验，他的成绩却惨得一落千丈，令我汗颜的是，语文最差，连班里前二十名都没进，幸亏数学和英语比较出色，总分保住了班里前十名。

可是他的家长有点不高兴了，于是，他爸爸和我谈话，表达一名家长的不满。

其实，我能看得出他也有压力，因为每次考试，他知道分数和名次比别的同学早，就比别人早一些受煎熬。

关键是，我真的尽力了啊！作为一名普通学生的班主任，我很称职啊。

这时候，他成了我最头疼的弟子。

有一次，我当着全班同学的面批评毛会凯上课爱说话，他回家后耐心地告诉我：妈，与以前比，他真的改了很多了。

我和爱人抱怨班里成绩最差的学生一窍不通，儿子却说：妈，他除了学习不好，其他都很优秀，比如我和他一个值日组，他每次都抢着倒垃圾。

总之，他眼里的孩子都有优点。我特别欣慰在学习也讲究竞争的现实中，他没有变成一个自私傲慢的学子。

班里他最好的朋友是吕宗吾，以前成绩不如他，可自从换了班主任，也就是我，吕宗吾的成绩突飞猛进，特别是语文成绩，几乎每次稳居班里第一，而他，班里前十名也就算不错了。有一次，吕宗吾语文基础知识只丢了0.5分，回家后，我告诉了儿子。儿子立刻变得很兴奋，很得意地说：我说吧，他就是聪明。一点嫉妒之心也没有。

他参加全县的中国象棋比赛，回来后，很感慨地说：“有一个选手还真是厉害！我惨败哦。”我追问：“那吕宗吾呢？能下过他吗？”他说：“吕宗吾也输给他了。但是，我觉得有个地方吕宗吾大意了，要不的话，吕宗吾说不定能赢他。”“你呢？要是不大意，能赢吗？”儿子憨笑着回答“不能”。

我一下子觉得，这就是我最得意的弟子。

真是，我不就是一直信奉品质比成绩重要吗？我的教育理想不就是培养一些先做好人再做学问的弟子吗？

你是我最得意的弟子，希望以后的成长道路上，坚守你的宝贵的美德，如给你取名时我所期望：心胸浩瀚如海，品质温润如玉。

我爱这片土地

我对土地的最初认识，来自童年。

我的童年大多数时光是在乡下姥姥家度过的。姥姥家的小院子，是我接触到的第一片土地。

院子不大，可被姥姥打理得井井有条：这一小片紧挨着房子，就养花；那一片挨着墙角，就种丝瓜；那一片向阳极好，就种蔬菜。所以，一年四季，姥姥的小院子都郁郁葱葱，热闹非凡。

春寒料峭，迎春花傲然绽放，不久，翠绿的生菜，嫩绿的芫荽也抢着来凑热闹；秋高气爽，菊花绽开笑颜，更别提满院红的西红柿、绿的小辣椒了；即使枯燥的冬日，大雪过后，姥姥也会在院子中间堆一个胖胖的小雪人陪我玩。姥姥的小院子，一年四季都是风景，这不都是土地的功劳？

让我对土地更加敬佩的是，秋收以后，别人收割完麦子，姥姥就领着我去田地里捡麦穗。

秋高气爽，空旷的田地里仅有几个年龄和姥姥相仿的老人捡麦穗。她们背着大包袱，边说边笑。我一个人蹲在地头，玩泥土，逮蝴蝶，偶尔抬起头，天高云淡，看着几片悠闲的白云发呆。玩腻了，就不满地朝地里喊姥姥，姥姥就颠着小脚跑到我身边，用狗尾草给我编小狗小猫，还把一种叫蚂蚱菜的茎支在眼皮上，作怪样子吓唬我。我才不怕呢，看着姥姥的怪样子哈哈大笑……

伴着余晖，姥姥背着一大包袱麦穗，牵着还没玩够的我，满载而归。

小小的我在心里感叹：土地真好！不仅供养花，美丽我们的眼睛，更为我们提供粮食和蔬菜！

后来，慢慢长大，开始上学，远离了姥姥和土地，搬到了县城里的家。

触目皆是钢筋水泥，脚下是坚硬的柏油路，即使住在以绿化著称的小区，我仍旧感觉不到土地的亲切。

我想姥姥，想她的小院子，想那片宽阔望不到头的庄稼地。

妈妈几次要接姥姥来县城住。可她每次只住两三天，就吵着要回去，说这里楼层太高，公路太硬，不接“地气”。我问姥姥还去捡麦穗吗？姥姥很失落，说村里的土地越来越少，都被征去盖工厂了，人们忙着去城里挣钱，很少有人对庄稼上心了，收成还不如过去好。她也不去捡麦穗了，因为没有伴儿了。“有钱了，不稀罕粮食了。”姥姥喃喃自语，一脸的惆怅。妈妈安慰她：“咱也不稀罕，缺不着你花钱，粮食咱买着吃。”我看见姥姥的眼神更加黯淡，她说：“是啊，不缺钱。可是……”姥姥没说完，可是姥姥的心意，我懂。因为，我也是如此怀念那些土地，那些庄稼，那里有美好的回忆。

现在，渐渐与土地疏离，似乎忘了小时候脚踩在松软的土地上的感觉，忘了那片供养鲜花、提供粮食和蔬菜的无私的土地。

可是，有一天，当我读到艾青的《我爱这片土地》时，读到最后一句，我的眼泪忽然毫无征兆地就来了：

为什么我的眼里常含泪水？

因为我对这片土地爱得深沉。

石榴花开

校园里的石榴花开得火红火红。每次低头走过，我都不敢直视。

奶奶门前两侧各有一棵石榴树，每年石榴花开的时候，我看得心痒，忍不住摘一朵，被奶奶看到，她一边赶一边骂："祸害啊！一朵花就是一个大石榴！长了石榴你可别想吃！"

我咯咯笑着跑掉，她缠的小脚，赶不上我。而且，长了大石榴，她早就忘了今天的狠话。

印象里奶奶似乎与慈祥不沾边。她光骂骂咧咧：骂妹妹和婶子家妹妹打架，可明明是婶子家孩子比妹妹大。骂我打婶子家孩子替妹妹"报仇"，我倒是比婶子家孩子大。骂娘光上坡里干活，家里连热水也不烧，我爹过的啥日子，骂婶子和叔叔光打架……

奶奶年轻的时候家里穷，她娘贪图我爷爷做买卖，用一头牛两块儿地把风华正茂模样拔尖的奶奶许给丧妻的爷爷。挨饿的时代，爷爷活活饿死，三十多岁守寡的奶奶一个人抚养大了我爹我叔叔我小姑，还有要饭到门口被扔下的大姑。

那时候，三十多岁的奶奶，是不是就这样凶？

我三十多岁的时候，还任性得像个孩子。

在那个特殊的年代，孤儿寡母本家族里的人都欺负，何况别人？

我经常记得她指着圆圆的月亮，恨恨地说：当时月亮就在这，我饿得爬去的啊，他们这群没良心的狼，眼看着我四个孩子饿得爬不起床，就让我空着手爬回来的啊！那群狼就是卖了她的爹娘还有弟弟。她心里憋的火一辈子也骂不完吧？

其实她善良得很。要不怎么明明全家挨饿还收养要饭的大姑？要不每次下雪她都踮着小脚扫长长一条街？要不怎么每年秋收都忙着给别人帮忙？要不街上光欺负她母子的那家人得了癌症她还瞒着家里捐款？要不姑姑给她买的好吃的她都分给街上本家族的小孩？

……

石榴长出来，她怕小鸟啄食，一个个包上了颜色各异的塑料袋，喜滋滋盼着熟。我们都提前预约：那个白塑料袋的是我的，那个蓝塑料袋的是姐姐的，那个红色的塑料袋包裹的最大，不用说，一定是留给叔叔家妹妹的，奶奶偏心，最疼她。

……

忘了石榴到底是甜的还是酸的，只是每到石榴花开的时候，就想起奶奶踮着小脚赶我的情形，想起那些罩着石榴的方便袋，在风中翩翩起舞……

美丽的收获

微信上又收到“不用回，清清朋友圈”的信息，心里觉得不舒服：固然可以看明白谁取缔了你好友的特权，可是仍旧当你是朋友的或者屏蔽你任何信息的，可考虑会有什么感受？恶毒地补一句：若不是你整天刷屏做微商，若不是你整天转发一下父母儿女更健康，若不是你整天转发网络谣言，谁删你？

真是。若想看看谁删了我，非要如此冷冰冰？看我，立即参照信息里提供的方法，设置，通用，群发，略一思索，写下：“多年以后，你我认识旧友，共饮一杯老酒，一醉方休，唱一句青春不朽。”听到这首歌，忽然想起你，想起旧时光。老友，愿你一切都好！

得意扬扬摁了群发。

忽然手机响，一个陌生的短号。接听后，是以往的同事，当初一起参加工作，一个宿舍，彼此见证对方的或崎岖或平淡的情感路程，一起做了母亲，一起为了工作焦头烂额……只是，自从我调离单位，我们都好久不曾联络，连她换了手机号都不知。听到她激动地说：“阿宋，看到你的微信，我都想掉泪了！怎么过得这么快呢？想你了！”

我听了，竟也泪眼朦胧。是啊，我们曾一路走过，曾无话不说，可忙碌的生活，让我们几乎忘了：忘了温习那段共同的回忆，忘了温热一下快冷却的友情。

平日无话不说的闺蜜，发了一个大吐的图片，然后含情脉脉地发来一句话：傻瓜，煽什么情？我永远爱你哦。看完忍不住大笑，平日里无话不说，却都是正话反说，怎么难听怎么说，如此煽情的告白仅此一次。心里竟然泛起一股温柔的爱意：傻瓜，我也永远爱你！

我高中同学远在上海，交往甚少，也只是朋友圈彼此点赞。她回复：谢谢你想起我！我每次都看你发的微信，看到你活得那么诗情画意，那么正能量，我都好生羡慕。

果然是幸福在别处。我还一直羡慕她高大上的白领生涯，看她身着晚装参加酒会，看她穿品牌职业装正襟危坐在格子间，看她单位外派去马尔代夫……觉得自己简直就是乡村野夫。听她这么一说，心里幸福指数顿时飙升。以后再不抱怨自己的生活琐碎平庸了。

忽然看见以前的领导给我的回复：小宋，很怀念在一起工作时你的认真和刻苦。你是一个直率正直的人，好的品行加上好的工作态度，一定会带来好的人生。加油！

想到这位老领导平日里不苟言笑，不善言辞，我跟着他老是战战兢兢，怕出了差错惹他训斥。没想到竟也有如此温情的一面。受到表扬，自是高兴，再接再厉，争取有更好的人生。

然后，还有很多平日不太来往的点赞之交，也纷纷发了回复，有的简洁如：谢谢！有的是个大大的拥抱图片。但是，一样温暖我的心。

微信上多少个点赞，抵不上拿起手机一句简单的聊天，手机里多长时间的聊天，抵不上见了面一个笑脸，坐下吃顿饭。

果然没人把我踢出朋友圈。高兴之余，有点惭愧：朋友圈里友人本来就是我精挑细选，怎么会怀疑彼此的情意？如若交往不真诚，待在朋友圈里也没甚意义。

一个小小的心机，让我收获到温馨的回忆和温热的情意，忍不住想发自肺腑地再次对他们说句：多年以后，你我共旧友，一杯老酒，一醉方休！

朋友，珍重！

有月亮的晚上

他浑身抖得厉害，手心里却沁出了汗，总感觉右手里的匕首怎么也握不紧。白天刚下了雪，地面有些滑。趁着月亮悄悄钻进云层，他偷偷溜进了这个略显破旧的小院子。

长长的匕首反射出冷冷的光，他从明晃晃的匕首中看到自己那张穷凶极恶的脸。“反正也没什么好日子过了！”想到那个臭女人卷了他不多的财产跟人私奔，还有那个整天野在外面和他日益疏远的倔种儿子，他有种破罐子破摔的感觉。想到这里，他心里的罪恶感反倒减轻了些。

屋里光线昏暗，从低矮的窗户隐约看得见里面的情况。

老太太躺在床上，背靠着枕头，戴着老花镜，两手不停地忙活着，光线太暗，他看不清她在忙些什么。老头坐在那把陈旧的太师椅上，低着头在吸烟，灯光照着他泛白的头发，有些刺眼。

“少抽点吧，这么大年纪了，要自己爱惜自己。”老太太说话慢条斯理，却透出无尽沧桑。

“是呀，养这么大，不但不能养老送终，还得驴子一样地干活养活他。”老头叹了口气，语气里的沉重和无奈竟让他的心酸了一下。

“别做了，老眼昏花的，明早我去买一件不成？”老头劝老太太。

“唉，积攒几个钱，不够这来回路费的，你还要给那个没良心的女人寄，还是省点吧。”老太太仍在忙活。

屋里一阵沉默。他有些不知所措。

“我就不高兴你给她寄钱，咱儿子进去都3年了，她可去过一回？一日夫妻还百日恩呢。”老太太愤愤然，声音渐高。

“也不能怨她，谁让那兔崽子不争气？判了15年，谁愿意等？人家给咱照顾好孙子就行了。”老头的语气流露出无限的倦怠。“睡吧，明早我还得早起，坐火车要三天呢，不知我这把老骨头还能不能撑上12年。”

老头起身，走到床前，拿起老太太腿上那团白花花的东西，借着灯光，他看清是一团棉絮。

“老太婆，我走后你可要保重自己呀，你这身子骨可真让我不放心呀。”

“老头子，咱命苦呀，入土也不得安心呀。”老太太的声音变了调，显然是哭了。

灯灭了，他的心揪成了一团，想起自己年事已高的父母。彻悟：原来活着，不仅是自己的事。

月亮穿过云层，天地间又亮堂了起来。

秋韵

身居闹市，是体会不到秋韵的。倒也不全是因为满目冷冰冰的钢筋水泥，实在无从察寻秋的痕迹，单那如织的人流，个个一脸的疲惫，像被人抽打的陀螺，一刻不停地身不由己地旋转，这样的境地实在无法培养欣赏秋韵的心境。

想真正品味秋的韵味，就找一个秋阳和煦的下午，放下所有的宠辱得失，到野外去。

走在落叶飘零的林间小路，秋风从双肩掠过，风里夹着清澈的凉意，树叶像舞倦了的蝴蝶，悄然从树上落下，弯腰捡起一片，看那树叶简直是齐白石的手迹，以貌似枯萧之笔简洁画出，仔细品味却实在盈含生机一片，叶脉清晰，均匀的黄色中，依稀可寻往昔生命的润泽。顿悟罗兰在《秋魂》中说的“季节就是季节，代谢就是代谢，生死就是生死，悲欢就是悲欢。无需参与，不必流连”。

郁达夫在《故都的秋》里说过，“这秋的深味，尤其是中国的秋的深味，非要在北方，才感受得到底”。此话妙矣！你看，不远处的山坡，爬满了一堆堆给秋霜染得红艳艳的野草，简直是满山的红杜鹃！仰头望天，的确是天高云淡，秋空一天比一天显得辽阔，天空高远而又明净，最让人艳羡的是秋日天宇的闲云，云卷云舒，那么悠闲，心无旁骛，不受世间悲欢离合纷纷扰扰的牵绊，随心所欲地在天上轻歌曼舞。白云是美的，美在它的无私无欲，纯粹质洁，美在它的宠辱偕忘，轻逸洒脱。

踱到近旁的湖边，找一张长椅坐下，看远处粼粼秋波，像闪烁的眼神，触景想起唐王勃的“落霞与孤鹜齐飞，秋水共长天一色”，想起宋代范仲淹的“碧云天，黄叶地。秋色连波，波上寒烟翠”，想起王实甫的“碧云天，黄花地，西风紧，北雁南飞”，还有“明月松间照，清泉石上流”，还有“留得残荷听雨声”……此时此刻，天高云淡、秋高气爽，群飞的小鸟，水中的帆船，粼粼的波光，忽然一下子体会到了这些名句的意境。

秋风乍起，日暮青山。悄然起身，忽然想起几日前摘录的一个句子“是谁在秋风中低低地叹息，又是谁在秋风中将锦瑟弹响呢？是谁立着梧桐淋着秋雨，又是谁帘卷西风瘦似黄花呢？杨柳岸的晓风残月，湿了谁的青衫，淡了谁的归程？秋风早已吹过心面，不知何时能吹破这一层禅机？”今人古士，写秋的句子，却是一样的美妙绝伦。是因为秋是真的美，美得有韵味。

晚上独坐灯下，心境澄明如窗外的月色。忍不住想把秋比喻成一个女人，该是怎样的女子？也许她不够热情，不够活泼，不能在商场上叱咤风云，不能在名流美女的聚会中谈笑自如，可是，在你为浮名虚利心身焦虑时，蓦然回首，忽然在一个不起眼的角落里看见了她，那样的不显山不露水，在她朝你浅浅一笑之际，你的心灵忽然一下子变得温暖、安静、澄清。四周的喧嚣都已消隐，这世界，也变得如同此刻的心灵。

儿子的家长会

儿子学校开家长会那天，离母亲节还有两天，所以学校设计了一个亲子互动：让孩子给身边的母亲鞠躬，表达感激。

身边那个一直和我冷战的面无表情的少年，此刻站起来朝我深鞠一躬：那是个近九十度的躬，他低着头，我看不到他的神情，只是感到他似乎有意多停留了一会儿。心里忽然涌上无限柔情，所有对他的怨恨、不满、失望、恨铁不成钢……化作绕指柔。

接下来的环节更煽情：让孩子深情拥抱一下身边的父母。

他羞赧地朝我一笑，算是用眼神拥抱。

我心里空落落的。

前面那个衣着朴素的女孩，肢体僵硬地抱了抱她的父亲，一个有点苍老的穿着某工厂工作服的男人。

男人慢慢坐下，似乎也不太习惯这种洋气的表达情意的方式，但是，感动洋溢眼底。

那个女孩子，忽然眼眶红了。

她知道父亲干完体力活没来得及换衣服就来了，她知道父亲默默承受生活之苦却从不抱怨，她知道，即使她和父亲都不习惯拥抱甚至言语的表达，可是，爱，一直在，永远在。

最后的环节：让孩子把早准备好的一封信送给父母。

我面前那个木讷的少年，有点内疚地挤出一个笑：我不太会写，没写。

我勉强挤出一个笑回应，没事。

没事？等你当了父母，此幕重演时，你会知道，那一颗期盼已久的心，看到别的父母接过情深义重的信时，心里有多失落，多受伤。

孩子，我不教育你，反正你有一千个理由反驳，你有一万种冷漠的表情表达你的不屑。

让这一幕留给岁月吧。让你的心在多年后某个轮回的场景，黯然伤神。如果我尚在，你尚且有弥补的机会，如果我不在，它就成为你心头永久的刺。

有些路，你还是自己走一遭吧。

身边的男人拿着一个精致的信封，我能看到信封后面，还用心地贴了一个京剧花旦的贴画，一看就是情感细腻的女儿。他端详了一会儿，带着笑，轻轻地把信封送到唇边，心满意足地吻了一下。

这是我看到的最深情的吻，一个男人对他上辈子的情人，那份宠溺，那份付出沧海只收一粟的满足，让我感动。

散场的时候，一个女生拽住同伴：“你看你看，这个就是他！”用指头把手机上的相片拉大，指着一个男生模糊的侧影。我扫了一眼，啥都看不清。

我一直以为暗恋是世界上最美好最纯洁的情感。你把他（她）神话成云端的神仙，自己却低到尘埃里，还开出暗恋的花。

姑娘，你长大后，会遇到疯狂的追求，也会遇到爱而不得的痛苦，甚至还有暧昧不清的纠缠。你的爱情千疮百孔，你忍不住大骂：什么破爱情！骗人！

可是，某个夜色如水的晚上，你忽然想起十七岁那年，你偷偷拍的那张连五官都看不清的侧影，你会收起对爱情所有的谩骂，嘴角温柔一笑：嘿，傻孩子，我曾经爱过你！

回到班里，班主任给我们介绍了每一个孩子的情况，一字一句都是关爱。台下的家长一个个都是最认真的学子，拿着笔，认认真真记下老师的每句话。

亲爱的小孩，我从来没有这样地崇拜过一个人，我对台上的老师满怀敬意，是因为我把对你的期望转移到老师的身上。人生关键的几步，也许我们只能在你背后默默为你呐喊助威，陪你同行的是敬爱的老师。记住：这个世界上，除了我们，他们是最无私关爱你们的人。愿你记得老师们陪伴你们的点滴，尊重他们的汗水，不负众望，健康快乐地成长。

余晖爬上，家长会结束。

散会的人，都是一对一对走出校门。

有个女孩子挽着母亲的手，个头比母亲还高，还有个女孩亲密依偎在父亲肩头，还有一对稍有间距的父子，还有一个男孩子揽着母亲的肩头。

“怎么办啊，总是考不好！烦死了啊！”身后一个女孩子懊恼地说。

“没事，有我。我相信你！”一个醇厚的声音。这是对上辈子情人才有的柔情和宠爱。

夕阳西下，彩霞满天。这一对对的背影，让我心生温暖和感动！亲爱的小孩，珍惜你身边的这个中年人。他（她）此刻正走在人生路上的艰难阶段，上有老，下有小，在单位，又面临年轻人的挑战。明明是累，苦，却无人可以诉说，还得咬着牙对父母笑：放心，有我！还得小心翼翼面对所谓思想独立、自由有个性的叛逆期的你。明明是开始健忘，明明是对所谓的高科技怵头，可是还得硬着头皮去学习，去进步，为的就是站直了，好让你依靠。

父母在，人生尚有来处，父母去，人生只剩归途。孩子，好好珍惜、疼爱这个你此刻依靠的中年人。

子女也只是我们暂借来的一把琴，不管我们多么舍不得，总有一天要交出去。总有一天，他们会是我们世界里的全部，而我们，只能寂寞地蜷缩在他们世界里的一隅。

直到某一天，他们到了中年，历尽了沧桑，会想起那个早早起来给他做饭的人，那个不管他熬夜多晚都强睁着眼陪他的人，那个舍得千金换他一笑不求回报的人，那个爱他胜过爱自己的人，那个无论他荣耀还是没落都默默在他身后的人。

多希望，将来的某一天，角色互换，有个中年人依旧挽着身边佝偻的老人，不嫌弃，亲密如今天。有一天，面对衰老和疾病，老之将至的我们无助得像个孩子，而他，这个背影渐壮的孩子，也会如多年前的我们一样，微笑着说：没事，有我！

爱的灼伤

儿子月考刚结束，我就迫不及待地在餐桌上问他考得怎样，他照旧面无表情地说："一般。"我不死心："哪门课觉得考得不理想？""物理最后一道没做上，化学一时脑塞，数学平时做题太少，生物复习得有点偏了……"

算了，六门课四门不理想，剩下的两门也不会得意到哪里去。

怎么这样呢？我对长大后的儿子失望极了：没有紧张感，没有激情，死气沉沉，对人生毫无规划。

晚上他爸爸一回家，立刻坐在沙发上，郑重其事地和他商量暑假报辅导班的事情："你这次哪门课考砸了，咱们就辅导哪门课。另外……"

"你们两个就是对我的学习管得太多了。"虽然他尽量微笑，可是里面的苦涩、不满一目了然。

我们陷入沉默。

我的被戳得千疮百孔的心，又添新伤，只觉得做人父母简直就是赎罪，上辈子我欠他多少？如此周密无私的爱，不求感恩，但求理解，可怎么换来"管多了"的评价？

已经过了劈头盖脸训斥的阶段了。"孩子大了三分客"，我们也怕他压力大，叛逆，小心翼翼选择最平和的相处方式。

难堪的沉默。我仿佛看得见空气中弥漫着的各种复杂的情绪：我们的伤心，他的不满。

他打破沉默。

“我知道你们着急。可是我也着急啊。每次考完试，还没等自己分析、反思，制订计划，你们就先给我做好各种计划，我都来不及自己选择，你们就把我推到设定好的路上。我都十八岁了，是不是到该让我自己做决定的时候了？”

儿子的话鼓点一样落在我的心里。鼓点一样清晰，鼓点一样有力，我的心被敲得一阵阵……清醒。

他说得对啊。

我们总是抱怨他没激情，没计划，可是，却总是在他的学习和生活出现问题的时候，越俎代庖，替他安排好一切退路，总以为爱得周到、细致，可以让他少受伤害，殊不知，却慢慢剥夺了他独立思考、反思的能力，自己摸爬滚打的权利和机会。想起那句话：你折断了我的翅膀，却怪我不会飞翔。我们是不是无形中折断了孩子的翅膀？即使打着爱的旗号。

孩子，以后你的事你自己做主吧，即使犯错，付出代价，总好过一直束缚着你，让你自己飞，就有可能失败受伤，可是，人生漫长，每个生命总得学会自己飞翔。

那天回家，看到我喜欢的那盆多肉忽然状态变差，肥嘟嘟的叶片变薄，横长出很多枝杈，请教一下朋友，说是典型的缺少光照。于是，每天早上上班，就天天不落地把它放到阳台光照最好的地方。可是，有一天，忽然发现整株多肉颜色变得暗淡，而且有的叶片上竟长出一些黑点。再问朋友，她哭笑不得：典型的暴晒灼伤！

你看，正因为爱，你才恨不得把它需要的一次性给足。可是，不管植物还是人，成长真是一件复杂的事，需要关爱，需要放手，需要适可而止。

“我爱你，我想给你阳光一样的爱，可是，我会适可而止，不让我的爱灼伤了你。”我在心里默默地对多肉说，对儿子说，对爱人说，对亲人说，对朋友说。

植物心

朋友送我一盆绿植，紫褐色的茎，肉感十足的小叶子密密麻麻，好像很多小脑袋好奇地凑在一起，叶子外缘镶了一圈小红边，好像笼罩了一层淡淡的红晕，娇艳美丽，配上那个线条优美古色古香的花盆，让我爱不释手！

朋友告诉我这叫雅乐之舞，并且叮嘱我，不要勤浇水，它很耐旱。

连名字都那么美，真是喜欢。

有空就看看它，喜不自禁，总怕它干着，时不时浇水。

结果，你猜对了。

半月之后，它忽然病恹恹的，叶子外面镶着的红边，也慢慢褪色，叶子掉得稀疏，一点活力也没有。我心疼得不行，却又不知所措，就眼睁睁看它愁眉不展，叶子慢慢凋零、稀疏，生命的活力也渐渐消散，我宠爱的雅乐之舞，恐怕要香消玉殒了。

于是我怅然地把它搬到阳台，放到一个不起眼的角落。

忘了过了多久，忽然发现它竟然缓过劲来，活得挺自在！叶子开始变绿，有的竟然又恢复了红边，虽然叶子不算茂密，可那抹绿色毕竟泛着生命的活力。

茶几上这盆文竹，是我捡来的。老公办公室搬家，想要扔掉，我觉得可惜，就把它收养了。

刚来我家的时候，乱蓬蓬的，别说叶子，连枝干都枯黄，更没有造型，实在不好看。我就用剪刀把黄叶子连同枯枝剪掉，成了一盆光秃秃的小怪物。

因为就在茶几旁，所以，只要看它干，我就给它点水。

你看它现在，枝干返绿，还长出了新的叶子，叶子轻盈、碧绿、柔嫩，像出生不久的娃娃。

这盆天天开是我家的老朋友了。那年冬天，母亲刚搬它来的时候，花开得正旺，在满眼绿色的阳台上，很是出风头。

“这叫天天开，只要不缺水，它就每天开花，不分冬夏！”

可惜我没谨遵母亲叮嘱，经常让它干得垂头丧气，叶子都焉了。

可是只要你满怀愧疚地给它点水，第二天，它马上就生机勃勃！花儿仰着灿烂的小脸，全然不计较你的懒。

想想植物真是神奇。你以为它们不会说话，没有思想，其实大错特错。

它们都有自己的心。我们看到的各种植物平静的外表下，一定有一颗颗翻腾的心。

它们拒绝溺爱，不要你过多的关注。就如雅乐之舞，它的花语是：默默的爱。它不习惯热烈张扬的爱。它只是想和你保持淡如水的君子之交，或者它需要的不是你天天惦记，只需要你别忘记即可。

它们要的不多，可是，给我们的却很多：满眼绿色，几朵鲜花，让我们枯燥乏味的生活充满了诗情画意。

或者，是我们居高临下的自作多情。

它们从不以为你养了它们，就得拼命回报你，讨好你。开花，发芽，只是它们作为植物的尊严而已。

看淡宠辱，淡然开放，这就是一颗植物的心吧？

有根的生命绿水长青

春节前朋友送我一盆蕙兰，美到惊艳！一人多高，硕大的金黄色的花瓣密密麻麻，顺着自上而下弯下来的茎，好像一树倾泻而下的瀑布花。

我喜欢极了！

一个懂行的朋友说出它令人咋舌的价格，喜欢之余，我又陡增压力，整天杞人忧天，怕自己把这昂贵的花儿养坏了。

好在那些硕大招摇的花儿，花瓣质感十足，显示着它们旺盛的生命力。

春节期间，这盆兰花风头十足，客人都忍不住赞叹它的美丽，有的拿出手机拍照，爱美的小女孩还兴致盎然地和它合影。

总之，这盆兰花给我挣足了面子，大大满足了我小小的虚荣心。

于是乎，我每天闲暇之余，总会站在花盆前，静静欣赏。

花瓣还是那么娇艳，泛着光泽，宛如一个少女的豆蔻年华。

一天晚上，全家人在静静看电视，突然“啪”的一声，循声而去，原来是旁边的兰花，一个硕大的花瓣坠地。

我心疼地捡起兰花，花瓣仍旧鲜艳，丝毫没有凋谢的前兆，怎么突然就香消玉殒了呢？

花瓣安静地躺在我手心，我用手指触摸它，每一片花瓣质感十足，我似乎触摸到一颗年轻十足的心脏，心疼之余，心生疑惑：明明看上去生命力旺盛，怎么就坠落了呢？

从此以后，隔三岔五，就会有花瓣坠地，每次那啪啪落地的声音，都让我心惊肉跳，我形容那是“一个美艳女子殉情时义无反顾跳下悬崖的悲烈”。

“啪！”

“啪啪！”

“啪啪啪！”

……

终于有一天，儿子悻悻地说：“是不是美女们集体殉情了？”

可不就是？一人高的兰花，零星点缀着几个花瓣，依旧硕大，依旧鲜艳，只是不再成群结队，倍显孤独。

送花的朋友知我多愁善感，早就告诉我：这样的花就是为了过年应景，咱们一般人养不久，花掉光了，它的价值就实现了，你别心疼啊。

因为早有心理准备，虽然悲伤难免，终能控制。

不过我还心存侥幸：这一片片墨绿墨绿的叶子，也极具观赏美感，待我养活它们，即使来年不开花，观叶也是极好啊！

等“所有的少女”义无反顾殉情后，我把这盆儿子戏称为“光棍村”的兰花搬到客厅的角落，隔几天浇浇水，还用喷壶在叶子上喷洒啤酒，果然是叶子翠绿，足足的精神劲儿，让我更加坚信来年它自成风景。

等我发现兰花的叶子反面密布着小小的红蜘蛛时，任凭我怎么焦急地用药水喷洒，都已经无力回天，那些叶子迅速地憔悴下去，终于黄得没了生命的痕迹。

我心里的难过汹涌了好久，已经超过了眼看“美女坠崖殉情”的心痛。

人生苦短，美好的事物总是这么短暂。

前几天，我打扫阳台上的花草，又看到那盆兰花，确切地说，是那个大花盆。我拂去花盆里枯黄的杂草，恕我愚钝，我才知道这几棵兰花竟然分栽在两个又细又深的塑料盆里，我看那俩塑料花盆结实，不舍得扔，就想把里面的土磕出来。费了好大劲，磕出来的竟然是一大盆子紧紧缠在一起的根！

我惊呆了。

那些丑陋的根，因为盆子空间的狭促，紧紧地缠绕在一起，被迫长成了盆子的形状。根根肥硕，竟然没有一点土的痕迹！全是根，肥硕的根，畸形的根，面目狰狞。我心似乎被什么紧紧攫住，上下翻滚，说不出的感觉。

原来，那些娇艳无比的花儿下面，竟然是一些变态的根系在支撑。

我被这种变态震惊，似乎看到古代女子的三寸金莲，似乎看到泰国妩媚的人妖……丑陋，变态，让人心惊、心痛。

怪不得那些花儿未等凋谢就坠落，怪不得我费尽心思连叶子都养不活，原来，它们底下没有正常的能提供营养的庞大的根系。

为了让繁茂的花屈居在空间有限的花盆里，地下的根系才被迫畸形生长吧。为了维持花朵短时间娇艳，这些畸形发展的根系里，被注射了多种营养液吧。

只是，土壤里没有正常生长的根系，花哪里来的源源不断的营养？所以，花朵再娇艳，也只能短暂地辉煌，终不敌岁月的考验。

扎根是个艰难的过程吧？可是，人为替代，辉煌终究只是一时。

人生漫长，需要的是耐力，愿你耐得住寂寞，战胜困难，慢慢扎根，把你的生命营养得花红叶绿，绿水长青！

喝茶小感

我嗜喝茶，甚至到了“宁可一日无饭不可一日无茶”的地步。看袅袅热气升腾，或浓郁或清淡的茶香将你萦绕，你可美读，可遐思，一切因由茶相伴，感觉生活格外惬意。

一日，听友人说，喝茶时放几瓣菊花，可明目清肝，特别适合久坐电脑旁者。于是我欣然买来一袋干菊花，喝茶时有意放上几瓣，顷刻间，那干枯的菊花，在茶水的浸泡下，忽然绽颜粲然一笑，变得鲜活如初，看着美丽的菊花清闲漂在水面，顿感赏心悦目，轻轻啜饮，有股浓浓的菊花味道，可是我却觉得这种味道似乎冲淡了茶香的醇美。但念及它能明目清肝，且如此赏心悦目，喝茶时就一如既往地放上几朵。

又一日，又听一好友说，身为女性，不可不喝玫瑰花，因为这“女人的花”最为养颜，久喝可面色红润，气色极佳。哪个女人不爱美？于是，我兴冲冲买来一袋玫瑰花，迫不及待地连同茶叶放入杯中，轻饮几口，感觉异样，似比菊花味道淡一些，但仍有种与茶叶不和谐的味道，且花泡久了，花色泛白，一失干玫瑰花的美丽，总让我想到“腐烂一词，有减喝茶之欲。但联想几日后，说不定可“面如凝脂”，喝茶时还是坚持放上几朵。

隔了几日，一同事向我讨茶喝，事后似为报答之意，送我一小袋枸杞，我纳罕此物有何作用，他神秘兮兮地说，此物虽小，可护肝、益肾，作用可大，且现身说法，“我坚持饮用，感觉甚好”。我半信半疑，但念及有益无害，喝茶时便顺手放上几粒，喝时倒也无味，只是每次端杯感觉那几粒枸杞颜色俗艳，甚觉扎眼，心里不太喜欢。

慢慢地，今日喝茶放菊，明目；明日喝茶放玫瑰，养颜；后日喝茶放枸杞，护肝。本以为一切像喝茶一样，习惯皆成自然，可我渐渐感觉，茶的味道越来越复杂，我喝茶的兴趣似乎也逐渐冷淡。

一日，我放上茶叶，索性什么都不放，冲上热水，在慢慢翻飞的茶叶中，在袅袅升腾的雾气里，在淡淡的茶香中，我忽然又找到了久违的喝茶的兴趣。

顿悟：当一切爱好有了附加目的，便变得毫无趣味可言。

从此，我只喝茶。

沉默的表达

父亲生性木讷，我也性格内向。所以从小到大，我们之间很少有话说。

农村有句俗话，说孩子“大的疼，小的娇，中间是个吃气包”。很不幸，我就是姐妹三人中的老二，加之小时的我，本是个不争气的女儿，却比男孩淘气得厉害。所以，在重男轻女的农村，注定从小就“姥姥不疼，舅舅不爱”。

可我知道，父亲疼我。

吃饭的时候，那个三根腿的板凳，每次都是我坐。可是只要父亲在家吃饭，他总会默默地和我换过来。因怕跌倒，父亲养成了蹲着吃饭的习惯，这个习惯，一直伴着他生病，去世。所以，有时梦中相见，父亲总是默默地蹲在那里，看着我，一句话不说。

小的时候，每到冬季，县城里就举行交流会（只不过比一般集市的规模要大，卖的东西要全），我们小孩子都盼着，其实就冲着会上卖的那些吃的，比如小笼包，比如炸油条，比如甜甘蔗，我最爱吃甜甘蔗，可每次我都去不了，因为，骑自行车父亲带一个，母亲带一个，我是多着的那个。我倒不计较，心平气和地接受这一点。每次他们回来，父亲就会把最粗最长的那根甘蔗给我，不管妹妹借势的号啕大哭，还有姐姐嘟嘟囔囔的不满。或许是父亲对我的补偿，可这已使我很满足。如今，每看见卖甘蔗的，心里总是泛酸，再没了想吃的兴趣。

我在县城上高中的时候，班主任是个典型的嫌贫爱富的人，所以我这样的农家子弟自然不在他的眼里。一次我偶然在家说起这件事，一直沉默的父亲忽然说要给班主任送礼，我对他这种做法嗤之以鼻，觉得他庸俗。他看出我的不悦，也就没说什么。可又一个周末，他竟然到了学校，还背着一袋沉沉的绿豆，说要送给班主任的。我很生气，觉得丢人，死活不肯。他着急地给我解释了很多，无非是想让班主任对我好一些。后来，他自己背着绿豆去了班主任家。

我回家的时候，母亲说那些绿豆是父亲每晚上一个个挑出来的，还抱怨我不随父亲去，说父亲这样木讷的人，去了人家家里，还不知怎样的难堪。我忽然很难过，想到班主任那副盛气凌人的样子，再想到父亲在他面前唯唯诺诺的样子，忍不住掉下泪来。

我正准备结婚时，父亲忽然病重。我于是拿了准备结婚用的钱和他去医院。住院期间，父亲很少说话，同病房的病人说，你父亲住院动用了你的嫁妆，他很内疚呢。后来他便执意要出院，那时我不知道他的病情，到了无药可救的地步。

回家后，他就催着我赶快举行仪式，说是冲喜。

我结婚一周后，父亲就去世了。后来我才知道，父亲是早就知道自己病情的。在农村，若有亲人去世，当年是不能娶嫁的。他最疼的是我，他是怕耽误我的婚嫁。

有时受了委屈，我便到父亲坟头。可去了，仍是一句话也说不出，默默地坐一会，磕一个头，回来的时候，心里就会轻松很多。而到了晚上，必然会梦见他，还是默默的样子，一言不发。醒来后，于泪眼朦胧中，我知道，他最疼我，一定是来安慰我的。

来一个标准的微笑

为了这节课，我忙碌了整整三天，昨天晚上还把改了5遍的详细教案又一遍地倒背如流，可紧张仍然不减。

不仅是因为第一次登讲台，更主要的是，我要面对的是一个“五毒俱全”的班级——有吸烟成瘾的，有喝酒不断的，有打架斗殴的，有痴痴早恋的，还有屡屡偷窃的。据说班级解体早已被校领导提上议程，不过是早晚的事。

我的实习生涯就在这样不幸的背景下缓缓拉开了帷幕。

毋庸置疑，我的第一堂课上得糟透了。我可怜地站在讲台上，看着台下54张陌生的面孔，冷漠木然的，桀骜不驯的，漫不经心的，昏昏欲睡的，甚至还有不屑一顾的。手心里渗出了汗，嘴唇却“冻”得哆哆嗦嗦，瑟瑟发抖。一堂课的教案15分钟就结结巴巴地背完了。

接下来是窒息般的沉默，连哄笑都没有，一张张幼稚但冷漠的脸，仅仅沉默了不过一分钟，就旁若无人地各行其是了。

未等下课铃响，我就仓皇而逃。

回到办公室，我沮丧极了，甚至怀疑自己是否是干老师的料。

第二次站在教室门口，我像一个被蛇咬过的人看见粗粗的井绳一样。我实在没有勇气走进教室了。

上课铃早已响过，校园里安静极了。暖风沙沙吹响树叶，阳光不徐不疾地均匀地铺满了地面。

这个世界依旧在正常运转，世界万物依旧在自己固定的位置上悠然自得。而茫然失措的我，怎么可以输在起跑线上呢？忽然莫名其妙地想到那句“不在沉默中爆发，就在沉默中灭亡”，我必须做出选择！

似乎一瞬间豁然开朗，心里充满了阳光般的希望。相信，在这个美丽的季节，没有什么不可能！

我大踏步迈进教室，看着一张张略显惊讶的脸，我自信地笑了笑，清了清嗓子大声地说：“据说一家大型医院在开展‘护士形象培训’时，对护士的微笑有这样一个要求：微笑时必须露出8颗牙齿。因为科学研究证明，只有这样才能打开笑肌，和国际接轨。”

我看见那些冷漠的眼神里渐渐流露出一丝好奇，我心暗喜。

“好，现在我给大家布置本堂课的第一个作业，请对着你的同桌来一个标准的微笑！”

教室里一下子活跃起来，笑声一下子打破了课堂以往的死寂。我听得出里面夹杂着几个男孩恶作剧般的刺耳的笑声，可是我仍然止不住地高兴：对于孩子调皮不可怕，可怕的是心灵的冷漠。可现在它已慢慢消融了，我似乎看见它在学生们的笑声中夹着尾巴灰溜溜地蒸发了。

我就这样微笑着欣赏着这个有点乱哄哄的场面，直到他们停止了一切打闹，又恢复了校园午后固有的寂静。

那节课仍算不上成功，可与第一节比起来，大有长进。在这个春天的午后我看到了希望之苗悄悄萌芽。

从此语文课上有了个固定的作业：

请给你最欣赏的人一个标准的微笑;
请给你最敬佩的人一个标准的微笑;
请给今天留给你深刻印象的人一个标准的微笑;
请给与你有过矛盾的同学一个标准的微笑;
请给今天课堂上表现最佳的同学一个标准的微笑;
……

时间如白驹过隙，眼看我的实习生涯就要结束了，我竟对这个“五毒俱全”的班级充满依恋。

虽然他们从来不曾对我温情地表示过什么，可我看到一张张生动的脸庞，我明白我已喜欢上这些本性单纯善良的孩子。

最后一节语文课了，虽然心里氤氲着淡淡的离愁别绪，我依旧微笑着走进教室。

照例，我又要布置“作业”了：“今天，请对着……”忽然，全班50多张小脸齐刷刷抬起来，对着讲台上的我笑了！不约而同地，商量好似的，像50多棵向日葵仰脸向太阳微笑，像50多朵小花在阳光下欢快地绽放，像清澈见底的小溪唱着歌淙淙流过山谷，虽然笑得不够“标准”——没有露出8颗牙齿，只是默默无声，少了往日的嬉笑打闹，少了往日的不屑一顾，但50多双眼睛里流露出的真诚谁都能看得懂。甚至我敢说，这微笑也像我一样充满了依恋和不舍。

我的五样

朋友和我做了一个游戏：在白纸上写下你生命中最重要的五样。

略加思忖，我在纸上轻轻写下了：健康，工作，父母，爱人，孩子。

然后，删去一项。

略一犹豫，我用笔轻轻划去了“工作”。

朋友无情地说：你做得不合格。要重重地划，直到什么也看不出。放弃就意味着彻底割舍。

我加了笔力，狠狠地划去了“工作”。可是，那笔，随着力量的加重，好像一下一下狠狠戳在我柔软的心上。

从此，生命中就再没有工作了。

我不能再做一位平凡的人民教师了。或许，我依旧可以谋生，可是我成了一个拼命卖力只为维持生存的女人。再不能站在心爱的讲台上，再不能享受那些天使尊敬的目光……我不是事业型的女强人，可在我删去“工作”一项的此刻，我如此真切地感受到，我是这样深深地爱着它。毕竟，这个世界上，用自己喜欢的工作维持生计，再附加得到精神上的愉悦，是一种很奢侈的幸福。

“再删去一项！”朋友冷冰冰地命令我。

那就牺牲健康吧。反正也没有自己喜欢的工作了。病恹恹地存在，虽然不能再为社会创造价值，可对于年迈的母亲来说，她还有女儿；对于爱我的丈夫来说，他还有妻子；对于年幼的儿子来说，他还有母亲——即使再不能为他们洗衣做饭，可是，回家看到床上还躺着这么个人，也是一种幸福。父亲在重病去世后，每次回家，看到他躺过的床空荡荡的，他做过的椅子空荡荡的，他喝茶用的杯子孤零零的，他爱拉的二胡，也孤独地挂在墙上……我曾经痛楚地感受到失去亲人的痛苦。

那就删去健康吧。肉体的折磨让我一个人承受，可只要还活着，对他人就是一种精神上的慰藉。

再删去一项。

这声音如此残酷，我感觉到手中的笔微微颤抖，沁出的汗，手掌的，额头的，前胸的，后背的，让我不禁汗涔涔，全身冒出一股寒气。

对不起，我的爱人。

泪水一下子涌了上来。你可知道你对我的意义！因为有了你，凄风苦雨的路上，我依旧能风雨兼程，因为我知道永远有一盏灯为我亮着。你给予我的不仅是家的温馨，更是我精神上的支柱。所有的回忆，甜美的、温馨的、酸楚的、痛苦的，一起涌上心头。泪眼朦胧中，我努力地想去抓住一些什么，可此刻，只能无助地看着它，如烟如雾般，自顾自飘散。

再也不属于我了！我一笔一笔，犹如一刀一刀，在纸上删了去，心也被锋利的刀刃划得鲜血直流……

鱼和熊掌不能兼得，再删去一项。耳边传来朋友不容置疑的声音。

心似乎麻木了。经历了狂风暴雨之后，反倒出奇的宁静。

心里默念着：谢谢你们的养育之恩，女儿不孝，来世定做牛马相报。

好了，现在白纸上剩下的，就是你生命中最重要的东西了。朋友的语气有所缓和，透出一丝温柔。

偌大的白纸上，在黑乎乎的墨迹旁，只剩下“孩子”，孤零零地立在那里。

面对我生命中最不能舍弃的这一项，我一下子变得茫然，心灵仿佛被置于漫山遍野的荒草中。继而茫然转化为恐慌。儿子，你就是我生命中最重要的财富了，是我永不割舍的选择了！

朋友说：这个游戏就是让人认清生命中最宝贵的东西，深思该怎样珍惜它。

可是，我的心为什么变得这样沉重？

一个没有事业的妈妈？一个没有健康的妈妈？一个没有亲情和爱情的妈妈？我留给自己最不能舍弃的孩子的，就是这样一个一贫如洗的妈妈？

没有事业的妈妈，就像花儿没有根，就像鸟儿被缚住双翅，就像溪水干涸，不能流动，这样的妈妈活得没有生机，死气沉沉。

没有亲情和爱情的妈妈，就像花儿失去水分，生命黯淡，没有光华。

没有健康的妈妈？即使我的存在，让他有了精神上的慰藉，可是，天长日久，我只能成为他的累赘！一个病恹恹的妈妈会让他财力不支，活得艰难，甚至自尊不保，又甚至会影响他将来的家庭，我只能给他带来更多的实际的不幸。

这样一个悲观忧伤活得灰头土脸的甚至没有健康的妈妈，对于我的孩子——我最重要的选择，有什么意义呢？

我忽然变得无限悲伤，不，是悲怆！

不！我不要这样的游戏！在朋友诧异的眼光下，我狠狠地把手中的笔一掷，把那张刺眼的白纸揉成一团，狠狠地扔在脚下。

为什么要舍弃我的工作？

只要用心去做，心怀感激，只要我永远保持对工作的热爱和激情，它怎么会舍弃我？即使有更多的诱惑摆在我面前，我还是会义无反顾地选择我现在从事的工作，我怎么会舍弃它？做自己喜欢做的事，这才是真正的幸福体验！

为什么要舍弃我的健康？

我一定会积极地为自己的健康努力！我要让自己从现在开始热爱运动，从现在开始远离一切不良习惯，我不会为任何诱惑舍弃我的健康。只要它不舍弃我，我永远都不会舍弃它！

为什么要舍弃我的爱人？

"执子之手，与子偕老"，无论生老病死，我都会和他不离不弃。我知道，所有的婚姻都会由激越走向平淡，可是，我会用我的责任、忍耐、宽容、理解等去经营，像商人经营生意一样用心，我决不会轻易舍弃我的爱人，因为只有他才能给我的孩子一个完整的家。我对那个给我家庭给我归宿给我最重要选择的孩子的人心怀感激，我不会舍弃他！

为什么要舍弃父母？

是你们给我一个健康的生命，是你们喜悦着我的喜悦，悲伤着我的悲伤，你们的前半生以我为中心，后半生要我来承担，我怎能舍弃你们？我不也是他们生命中最难以割舍的选择吗？无论什么原因，我都不会舍弃我的父母！

我才知道，生命中的五样，一样也不能缺！

没了任何四样，那孤零零的最重要的一样，犹如飞机失去了双翼，犹如鸟儿没有了翅膀，它的存在还有什么意义？

我不会舍弃任何一项！因为我知道，只有做一个健康、乐观、有责任感、有良知、对社会对他人有价值的妈妈，我的孩子才能拥有一个带给他幸福的妈妈；我的爱人才能拥有陪他一起抵御人间风雨的伴侣；我的妈妈才能拥有一个陪伴她照顾她的女儿；我的学生才有可能拥有一个认真负责爱岗敬业的老师。而我，会因为这一切，才能有一个无憾的人生。

我的心，忽然变得豁然开朗。犹如堵塞的溪水冲破了重重阻碍，犹如小鸟挣脱了牢笼。我的心也挣脱了所有的束缚，一下子变得身轻如燕！

“幸亏，这只是一个游戏！”我轻松地对朋友说，“因为，这五样我一样也不会舍弃！”

怒放的生命

朋友家养了一盆绿萝，有好几年的光景，放在客厅的空调上，垂下的绿叶竟能遮住半个空调了，那瀑布似的绿叶青翠欲滴，闪着亮光，在单调的冬季让人为之振奋。

听朋友说这种植物很好养活，掐几片叶子放在盆中，不多久就能长出一大盆。

临走时我掐了几片绿萝的叶子。到了家中，正好手中有点事，就顺手把它放在一个盛满清水的塑料瓶中。

第二天，我看见水里的绿萝绿得一如既往——果然是在水中也能活。我心中窃喜：何必把它放在盆中呢？在水中不也一样？而且在清水中越发显得干净。

三五天过去了，水中的绿萝依然绿得青葱。

几周过去了，绿萝在水中慢慢长出了根须。我高兴地想："看来，它打算在水中扎根了！"

后来，绿萝的根在水中越长越长，越来越多，交错盘绕在水中。我得意地想："看这长势，它定会繁茂起来，得换个大些的瓶子了！"

一日，朋友来我家，我得意地向她炫耀我水养的绿萝。可朋友一看，惊呼道："你养的绿萝，叶子怎么还这么小！你看它的颜色，也绿得没有生气，几乎没怎么长呢！"

我一看，可不是吗？我一直关注它有没有活，只得意于下面是否长了根，怎么就一直没注意它的叶子呢？

此刻，我呆呆地看着水里的绿萝，它的叶子碧绿如前，倒没有垂头丧气，可也无精打采，毫无生机。

真的，倒没有死，可是，也仅仅是活着。

忽然想到了人，生命蔫蔫的，只是吃饭、睡觉、呼吸而已，从没有怒放过。

我正怅然若失，不知何时，朋友已把水中的绿萝移植在盆中。她拍了拍手上的土，对我说："水虽然干净，可只能让它的根浮着，只有土壤才能让它的根坚定地深扎其中。要想让它活得带劲，只有从土壤中汲取它需要的营养。你看吧，不出几天，这绿萝就会活得带劲起来！"

"带劲"这个词真好，它生动地概括了生命的最佳状态。

生命如果仅仅是活着，就如这水中的绿萝，恹恹的，不死，却不能繁茂。只有让生命坚定地扎根在土壤中，从中汲取生存所需的营养，比如信念，比如理想，比如亘古不变的追求，才能像这盆中的绿萝，活得带劲，让生命怒放。

做人的风骨

一下子从一名整日研究中考动向和得分技巧的中学骨干教师“沦为”一名教刚刚识字读书的孩子的小学语文老师，我的心理落差很大。行内流行一句话：教啥啥水平，感觉自己似乎一下子贬了值。

一日和学生做一篇简单的描写松树的阅读题，很想给孩子们补充一句描写松树的诗词，可到了嘴边，又不知道确切是哪一句了。我清楚地记得那首诗是人教版九年级下册课后诗词里面的第一篇啊。可绞尽脑汁，就是想不起里面最有名的那一句。顿时，一种很强烈的失落感笼罩着自己。真的，教啥啥水平了，整日和孩子们研究汉字书写的笔画和笔顺，学最简单的文章，连一句诗词都记不起了。

失落了很长一段时间，经常惆怅地想：“真的要做一辈子小学教师了吗？真的没机会再和学生做中考题了吗？”

然而，太阳照常升起，生活还得继续。

照样得上课，照样得盯着这些调皮单纯的孩子吃饭、跑操，指导他们打扫卫生，放学后送他们到校门口，大事小事，苦口婆心……我不是个事事爱应付的人，特别是面对这些和我儿子一样大的孩子，总会油然而生一种神圣的责任感，所以在孩子们闯祸的时候，我再烦躁，也会在心里不停地告诫自己：“假如这是我儿子……”然后就会平静地面对现状，即使像剪不断理还乱的一团乱麻，也得硬着头皮一一去解。

一日，上班前，爱人忽然笑着说：“我得表扬你了。自从当了小学班主任，对孩子有耐心了，不像以前那样劈头盖脸地训儿子了！”我一想，还真是，这一阵子儿子和我亲密了很多，都敢亲昵地叫我“小坏蛋”了。

开完会，我想去阅览室借书，让同事把会议本给我捎到办公室。等我回到办公室，同事笑着说：“你的字变了很多啊，以前龙飞凤舞的，现在是标准的楷体了。”呵呵，细想还真是。以前在黑板上爱写行书，好多学生还爱到黑板上跟着我的字描摹，现在，只要一拿粉笔和钢笔，不自觉就按照汉字的笔画，认认真真写楷书了。

放学后忽然接到一个家长的电话，咨询我该给孩子买什么书，我向他推荐了几本后，他对我说：“老师，你真会教啊，现在他可爱看书了，而且一边看还一边写呢。以前老爱看一些搞笑的乱七八糟的书，这一阵子忽然不爱看了，还向我推荐曹文轩的小说呢。”我听了心里甜滋滋的，我一直很重视孩子的课外阅读，鼓励他们多读书，读好书，并且班里的图书角我带头捐书和借阅，还曾经和孩子们一起读了曹文轩的《山羊不吃天堂草》，并在班里开了读书交流会，趁机对他们做了有价值的阅读指导。当时班里一下子出现“曹文轩”热，读书角的书架上一下子添了很多他的作品：《青铜葵花》《黑瓦红瓦》《根鸟》《细米》等。连图书室的老师都疑惑地说：“你们班怎么那么多来借曹文轩的书的？以前可都是借恐怖的、穿越之类的多。”听了家长和图书室老师的话，我不仅为自己在指导孩子读书方面的成效骄傲，更为孩子们爱上读书、读好书而且会读书而骄傲。

日子就这样在烦琐的忙碌中一天天过去了。现在，我再也没了失落的感觉，反而觉得，小学老师的工作也很重要。所有的老师都是园丁，树苗初期必须浇水，中期必须施肥、剪枝等，各阶段的工作可能有技术含量的差别，可对树的成长同等重要。

一日，忽然闻到室内一股淡淡的幽香，原来是春节买的兰花开了。记得卖花人说这还是兰花中档次比较低的，最贵的兰花能卖到好几万呢。

价格虽有高低，但只要是兰花，散发的是一样的幽香；只要品性不变，它低调内敛、高洁清雅的风骨就永远不会变。